Constantin von Tischendorf

Wann wurden unsere Evangelien verfasst

Constantin von Tischendorf

Wann wurden unsere Evangelien verfasst

ISBN/EAN: 9783743439801

Hergestellt in Europa, USA, Kanada, Australien, Japan

Cover: Foto ©Lupo / pixelio.de

Weitere Bücher finden Sie auf **www.hansebooks.com**

WANN WURDEN
UNSERE EVANGELIEN

VERFASST.

von

CONSTANTIN TISCHENDORF.

LEIPZIG,
J. C. HINRICHS'SCHE BUCHHANDLUNG.
1865.

Das Leben Jesu ist zum Mittelpunkte der religiösen Fragen der Gegenwart geworden. Das ist eine wichtige Thatsache. Es liegt ihr die Erkenntniss zu Grunde, dass das Christenthum nicht auf die Lehre dessen, nach dem es benannt wird, sondern auf seine Person gegründet ist. Jede Auffassung des Christenthums, die dieser Erkenntniss zuwider läuft, beruht auf Misverständniss. Mit der Person Jesu steht und fällt das Christenthum. Diese Person ihrer Hoheit entkleiden und dennoch den christlichen Glauben, die christliche Kirche halten wollen, das ist ein vergebliches Beginnen und beruht auf eitlem Blendwerk. Das Leben Jesu bietet sich der christlichen Wissenschaft als die grösste, als die für Sein und Nichtsein der Kirche entscheidende Frage dar.

Woher schöpfen wir die Kenntniss vom Leben Jesu? Fast ausschliesslich aus unseren vier Evangelien. Alle sonstigen Nachrichten beschränken sich auf wenige vereinzelte Aussprüche oder Thatsachen, und stehen, mit sehr geringer Ausnahme, in Abhängigkeit von den Evangelien. Hängt demnach das Leben Jesu von unseren Evangelien ab, sind wir an diese Evangelien gewiesen mit unseren Fragen nach der Geburt, nach der Wirksamkeit, nach Wandel und Charakter, nach den Schicksalen Jesu, so haben wir keine wichtigere Vorfrage zu thun als die: Woher stammen unsere Evangelien? Denn vom Ursprunge dieser Bücher wird ihre Glaubwürdigkeit, ihre Geltung bedingt.

Aus diesem Grunde sind denn auch in letzter Zeit dem Ursprunge der Evangelien zahlreiche Untersuchungen gewidmet worden. Man untersuchte mit welchem Rechte die Namen der hohen der auserwählten Zwölfzahl angehörigen Apostel Matthäus und Johannes, die Namen jener Apostel-Gehilfen und Begleiter Marcus und Lucas den Verfassern unserer Evangelien gegeben worden sind. Je nachdem die Autorschaft dieser heiligen Männer anerkannt wurde, erachtete man die Evangelien für authentische zuverlässige Berichte vom Leben des Herrn. Allerdings gibt es auch noch eine andere Prüfung der Evangelien; sie hat sich längst in jener rationalistischen Nüchternheit ausgeprägt, die sich in den natürlichen Wundererklärungen so wohl gefiel, und ist in neuester Zeit durch das wohlbekannte französische Machwerk auf die Spitze getrieben worden, dessen Verfasser, unbekümmert um den etwaigen Antheil apostolischer Hand an den evangelischen Aufzeichnungen, unter eigensinnigen Voraussetzungen gegen Offenbarung und Wunder, in masslos willkürlicher Deutung und frivoler Phantasie die evangelische Geschichte sammt ihrem Helden zur Karikatur umbildete. Der Geschmack ebenso ungläubiger als unkritischer Zeitgenossen findet sich heimisch in dem Buche; es bietet ihm eine längstgesuchte Gnüge. Was aber der französischen Darstellung an wissenschaftlicher Grundlage gebricht, und dahin gehört ganz besonders die Quellenkritik, die Frage von der Aechtheit der Evangelien, das sucht, das weiss deutscher Eifer zu ergänzen. Und dies muss als ein erschreckendes Zeichen der Zeit betrachtet werden, dass französische Frivolität und deutsche Wissenschaft über dem frisch gegrabenen Grabe des Erlösers eine brüderliche Hand sich reichen. Der Unglaube, so scheint es, macht einiger als der Glaube.

Wo noch Respekt vor historischen Urkunden gilt, da legt man bei den Angriffen auf das evangelisch überlieferte Leben Jesu den grössten Werth auf den Mangel frühzeitiger Zeugnisse für das Vorhandensein unserer Evangelien. Wer wollte das Gewicht eines solchen Mangels leugnen. Erhalten wir erst aus dem Jahre 150 oder auch noch später vom Evangelium des Johannes die erste Kunde, wer wäre geneigt zu glauben, dass dennoch schon wenigstens ein halbes Jahrhundert früher der vertraute Liebling des Herrn das Werk verfasst habe? Fehlt es uns bis zu derselben Zeit an Zeugnissen für die anderen Evangelien, wer möchte daraus nicht starke Zweifel an der Aechtheit derselben schöpfen, wenn auch immer die Spärlichkeit der Literatur, die uns aus so früher christlicher Zeit geblieben, dagegen in Anschlag zu bringen wäre. Jedenfalls ergibt sich für diejenigen, welche die Aechtheit unserer Evangelien einer ernsten Prüfung unterziehen wollen, die Aufsuchung und Abwägung aller frühzeitigen Belege für die Existenz und Anerkennung der Evangelien als eine unabweisliche Pflicht. Es scheint uns als ob dieser Pflicht noch keineswegs vollkommen genügt worden sei, weder für die drei ersten sogenannten synoptischen Evangelien, noch und noch weniger für das des Johannes, dessen Unächtheit die negative Schule in flammenden Schriftzügen auf ihre Fahne geschrieben. Der Verfasser dieser Schrift stellt sich die Aufgabe nach dieser Seite die Autorität unserer evangelischen Urkunden zu beleuchten, wenn es auch zunächst nicht auf genauere Ausführungen abgesehen ist.

Von einer unbestreitbaren Thatsache haben wir auszugehen, von der Thatsache, dass in den letzten Jahrzehnten des 2. Jahrhunderts unsere vier Evangelien in allen Theilen der Kirche bekannt und anerkannt waren. Irenäus zu Lyon in den letzten Jahrzehnten des 2. Jahrhunderts und Tertullian zu Karthago vom letzten Jahrzehnt des 2. Jahrhunderts an, Clemens von Alexandrien ums Ende desselben Jahrhunderts und der wahrscheinlich römische Verfasser des sogenannten Muratorischen Kanons ums Jahr 170:[1] alle legen gleichmässig und entschieden Zeugniss für den allgemeinen Gebrauch und die anerkannte Kanonicität unserer vier Evangelien ab. In dieselbe Zeit führt uns die unter dem Namen der Peschittho bekannt gewordene syrische Uebersetzung, obschon uns über den Zeitpunkt ihres Ursprungs ein ausdrücklicher Nachweis fehlt. Noch früher aber, und zwar

---

[1] Zu dieser Zeitbestimmung führt besonders der Umstand, dass der Verfasser das Episkopat des Pius (gewöhnlich von 142 bis 157 angenommen) mit temporibus nostris und nuperrime bezeichnet. Auch wenn derselbe nur seiner eigenen oder einer verbreiteten Vermuthung folgen sollte, indem er den „Hirten" auf Hermas den Bruder des Pius bezieht bleibt doch die Zeitangabe für seine eigenen kanonischen Aufzeichnungen in Geltung.

nachweisbar, fällt die mit dem Namen der Itala belegte älteste lateinische Uebersetzung; denn bereits der Uebersetzer des grossen gegen die Häresien gerichteten Werks des Irenäus um den Ausgang des 2. Jahrhunderts und Tertullian vom letzten Jahrzehnt dieses Jahrhunderts an befolgen einen und denselben Text; er muss desshalb schon zu dieser Zeit keine geringe Autorität besessen haben, folglich einige Jahrzehnte alt gewesen sein.

Darf aber das Zeugniss der genannten Männer auf ihre eigene Zeit beschränkt werden? Irenäus gebraucht nicht nur die vier Evangelien in seinen Beweisführungen gegen die Häresien mit unbedingter Zuversicht; er ergeht sich auch in der Betrachtung, dass gerade die Vierzahl der Evangelien oder vielmehr, seinem Ausdruck gemäss, die Viergestalt des Evangeliums nach der Analogie der vier Weltgegenden, der vier Hauptwinde, der vier Gesichter der Cherubim mit Nothwendigkeit gegeben sei.[1] Bedeutet dies wol, dass zur Zeit des Irenäus die vier Evangelien anfingen Autorität zu gewinnen, oder vielmehr, dass damals bereits ihr Ansehen ein längst hergebrachtes, ein vollkommen entschiedenes war, so dass der Bischof von Lyon in Folge davon darauf verfiel, ihre Vierzahl, die Nothwendigkeit ihrer Vierzahl aus unerschütterlichen kosmischen Verhältnissen herzuleiten? Irenäus starb im zweiten Jahre nach dem Ausgange des 2. Jahrhunderts, aber er hatte noch zu den Füssen des greisen von ihm hochverehrten Polykarp gesessen, der seinerseits des Johannes Schüler gewesen war und auch mit andern Augenzeugen der evangelischen

---

[1] Siehe Iren adv. haeres. III, 12. 8.

Geschichte verkehrt hatte. Indem Irenäus dies selbst erzählt,[1] gedenkt er zugleich ausdrücklich und voll Innigkeit der ihm unvergesslichen Mittheilungen Polykarps von demjenigen was derselbe aus dem Munde des Johannes und anderer Jünger Jesu gehört, mit dem Zusatze, dass alles mit der Schrift übereingestimmt habe.[2] Wollten wir nichtsdestoweniger die Vermuthung hegen, Irenäus habe kein Wort von Polykarp über das Evangelium des Johannes gehört, und habe dennoch seinerseits dem letzteren unbedingt Glauben geschenkt, er der gegen die Häretiker, die Männer der Schriftverfälschung und der Apokryphen, vor allem das lautere Schriftwort als heilige Waffe gebraucht? Freilich führt uns dies, wie der Augenschein lehrt, geradezu auf Johannes selber. Dennoch hat diese Stützung des Zeugnisses des Irenäus für unsere Evangelien, das Johanneische insbesondere, auf Poly-

---

[1] Siehe Iren. adv. haer. III, 3, 4. und besonders seinen Brief an Florinus bei Euseb. hist. eccl. V, 20. (Iren. opp. ed. Stieren I, 822).

[2] Diese wichtige Stelle darf wenigstens in der lateinischen Uebersetzung hier einen Platz finden. So schreibt nämlich Irenäus an Florinus: „Vidi enim te, quum adhuc puer essem, in inferiore Asia apud Polycarpum, quum in imperatoria aula splendide ageres et illi te probare conareris. Nam ea quae tunc gesta sunt melius memoria teneo, quam quae nuper acciderunt (quippe quae pueri discimus, simul cum animo ipso coalescunt eique penitus inhaerent). adeo ut et locum dicere possim in quo sedens beatus Polycarpus disserebat, processus quoque eius et ingressus vitaeque modum et corporis speciem, sermones denique quos ad multitudinem habebat; et familiarem consuetudinem quae illi cum Johanne ac reliquis qui dominum viderant intercessit. ut narrabat. et qualiter dicta eorum commemorabat; quaeque de domino ex ipsis audiverat, de miraculis illius etiam ac de doctrina, quae ab iis qui verbum vitae ipsi conspexerant acceperat Polycarpus, qualiter referebat, cuncta Scripturis consona."

kurp und durch ihn auf Johannes selbst wahrhaftig mehr Berechtigung, als wenn man meinen wollte, das Evangelium des Johannes möge etwa erst in den früheren Tagen des Irenäus, also etwa um 150, plötzlich hervorgetreten sein, und er habe daran naiver Weise mit ganzer Seele geglaubt.

Verhält sichs nicht ähnlicher Weise auch mit dem Zeugnisse des Tertullian? Dieser Mann, aus einem weltlichen Advokaten zum gewaltigen Sachwalter der christlichen Wahrheit geworden, unterscheidet mit kritischer Schärfe sogar zwischen Marcus und Lucas, als apostolischen Männern mit sekundärer Autorität, und Johannes und Matthäus, den Aposteln mit voller Autorität;[1] er stellt einen unumstösslichen Kanon historischer Kritik auf, indem er das Gewicht eines Zeugnisses für christliche Wahrheit von seinem Alter abhängig erklärt und verlangt, dass auf die Apostel selbst zurückgegangen, die apostolische Aechtheit aber nach dem Zeugnisse der Apostelkirchen bemessen werde.[2] Sollte derselbe Mann unkritisch leichtfertig in seinem Glauben an die Aechtheit der vier Evangelien gewesen sein, obschon er sich bei seiner Bekämpfung des Marcion, der sich eben am evangelischen Texte eigenmächtig vergriffen hatte, ausdrücklich

---

[1] S. adv. Marcion. IV, 2. Constituimus inprimis evangelicum instrumentum apostolos auctores habere, quibus hoc munus evangelii promulgandi ab ipso domino sit impositum; si et apostolicos, non tamen solos sed cum apostolis et post apostolos. — Denique nobis fidem ex apostolis Johannes et Matthaeus insinuant, ex apostolicis Luc. et Marc. instaurant.

[2] S. adv. Marcion. IV, 5. In summa si constat id verius quod prius, id prius quod et ab initio, ab initio quod ab apostolis, pariter utique constabit id esse ab apostolis traditum quod apud ecclesias apostolorum fuerit sacrosanctum.

auf das Zeugniss der Apostelkirchen für sämmtliche vier Evangelien beruft?[1]

Wie sehr wir aber berechtigt seien zu postuliren, dass die Bezeugung der vier Evangelien durch Irenäus und Tertullian die Bekräftigung ihres Zeugnisses durch die frühesten ihnen zu Gebote stehenden Autoritäten in sich schliesse, das beweisen, ausser den bereits angeführten noch älteren Mitzeugen, dem Verfasser des Muratorischen Kanons und dem afrikanisch-lateinischen Uebersetzer der Evangelien, anderweite Verhältnisse und Zeugnisse ihrer Vorzeit.

Von zwei Männern, deren Thätigkeit zwei Jahrzehnte nach der Mitte des 2. Jahrhunderts zu setzen ist, erfahren wir, dass sie harmonistische Arbeiten über die Evangelien ausgeführt, von Theophilus, Bischof von Antiochien in Syrien, und von Tatian. Das Werk des Ersteren bezeichnet Hieronymus in einem Briefe als eine Zusammenfügung der vier Evangelisten zu einem Ganzen.[2] An derselben Stelle scheint Hieronymus davon noch ein anderes Werk zu unterscheiden, das er als einen Commentar zum Evangelium, womit der älteste Sprachgebrauch die vier Evangelien als ein Ganzes zusammenfasste, benennt und für die Auslegung der Parabel

---

[1] S. ebendas.: Eadem auctoritas ecclesiarum apostolicarum ceteris quoque patrocinabitur evangeliis, quae proinde per illas et secundum illas habemus, Johannis dico (vorher sagt er auch: habemus et Johannis alumnas ecclesias) et Matthaei; licet et Marcus quod edidit Petri affirmetur, cuius interpres Marcus. Nam et Lucae digestum Paulo adscribere solent; capit magistrorum videri quae discipuli promulgarint.

[2] S. epist. 151. ad Algas. quaest. 5. Theophilus — — qui quatuor evangelistarum in unum opus dicta compingens ingenii sui nobis monimenta reliquit, haec super hac parabola in suis commentariis locutus est.

vom ungerechten Haushalter benutzt; doch macht es sein biographischer Artikel im Catalogus, wo er nur des Commentars Erwähnung thut, wahrscheinlicher, dass beide Arbeiten mit einander verbunden waren. In dem noch erhaltenen Werke desselben Theophilus „ad Autolycum" stehen Citate aus Matthäus, Lucas und Johannes. Vom Werke Tatians, den Irenäus als Zuhörer Justins bezeichnet, haben uns namentlich Eusebius[1] und Theodoret,[2] der letztere aus eigener näherer Bekanntschaft damit, berichtet: darnach muss er in ähnlicher Weise wie Theophilus unsere vier Evangelien zu einem harmonischen Ganzen vereinigt haben, dem er den bezeichnenden Namen Diatessaron („das Evangelium, gebildet aus vieren,") gab; nur bleibt zweifelhaft in wie weit er die Texte nach seinem häretischen Geschmack beschnitten hat, und ob sein Matthäus nicht etwa durch das Hebräerevangelium irgendwie beeinträchtigt gewesen. In seiner auf unsere Zeit gekommenen Apologie ist wenigstens der Gebrauch des Johanneischen Evangeliums unverkennbar. Die beiden untergegangenen Werke gehen aber weit über die Bedeutung einzelner Citate hinaus; denn das in beiden versuchte Unternehmen, aus den vier Evangelien eine höhere Einheit herzustellen, führt nothwendig auf eine Zeit wo die vier Evangelien schon als ein abgeschlossenes Ganzes galten. Fallen beide Unternehmungen bald nach der Mitte des 2. Jahrhunderts, so muss folgerichtig angenommen werden, dass Gebrauch und Anerkennung aller

---

[1] Euseb hist. eccles IV, 29.
[2] Theodoret. haeret. fab. I. 20.

vier Evangelien schon in einer weit früheren Periode entschieden waren.

Wir übergehen zwei andere Männer derselben Periode, den Athenienser Athenagoras, dessen Schutzschrift vom Jahre 177 mehrere Citate aus den Synoptikern enthält, und seinen Zeitgenossen Dionysius von Corinth, in dessen etwa vom J. 170 übrig gebliebenen Fragmenten die Neutestamentlichen Schriften unter gemeinschaftlichem kanonischen Namen zusammengefasst erscheinen.[1] Wir dürfen auch kein ausserordentliches Gewicht auf die evangelischen Citate zweier apostolischer Väter, des Polykarp und des Ignatius, legen, obschon das Schreiben des Ersteren an die Philipper, bald nach des Ignatius Tod (115) verfasst, an mehreren Stellen unverkennbar an die synoptischen Evangelien, besonders an Matthäus, sich anlehnt, und die von Ignatius auf seiner Märtyrerreise geschriebenen Briefe in der vorzugsweise als ursprünglich anerkannten Textrecension die wiederholte Anlehnung an Matthäus mit einer gleichen an Johanneische Stellen darbieten. So sehr daraus schon für das zweite Jahrzehnt des 2. Jahrhunderts auf eine solche Situation der Kirche geschlossen werden darf, welcher der Gebrauch unserer Evangelien nicht fremd war, so ist uns doch damit kein allen Zweifel ausschliessender Beleg dafür gegeben, wozu eben offenbar auch in ihren geringen brieflichen Aufzeichnungen keine sonderliche Gelegenheit gegeben war. Nur hat ein Umstand auf unsere besondere Beachtung Anspruch: wir finden nämlich im Briefe Polykarps eine sichere Spur vom Gebrauche des 1. Johan-

---

[1] Siehe Euseb. hist. eccles. IV, 23.

neischen Briefs. Wie sehr man die Bedeutung dieser Thatsache begriffen habe, beweisen am besten die künstlichen Versuche, die zu ihrer Beseitigung gemacht worden sind. Könnte das vermeintliche Citat nicht eine Sentenz sein, die anonym cursirte und von Polykarp so gut wie von Johannes zu Papier gebracht wurde? Diese Meinung Baurs passt wenigstens in sein eigenes System. Noch genialer freilich war die lange vorher von Bretschneider geäusserte Conjektur, es könnte ja auch umgekehrt der Pseudo-Johannes den Polykarp citirt haben. Ueber Baur und Bretschneider läuft der allzeit offene Ausweg Hilgenfelds [1] und Anderer hinweg, Polykarps Brief selbst für unächt zu erklären, mag auch schon selbst Irenäus, von dessen persönlichem Verhältnisse zu Polykarp früher gesprochen worden, an die Aechtheit desselben völlig geglaubt haben. Wagen wir aber von all diesem unerquicklichen Hypothesenkram abzusehen, so besitzen wir an dem Citate Polykarps aus dem 1. Briefe Johannis zugleich eine indirekte aus dem 2. Jahrzehnt des 2. Jahrhunderts stammende Beglaubigung des Johanneischen Evangeliums; denn beide Schriften müssen denselben Verfasser gehabt haben.

In die spätere Lebenszeit desselben Polykarps fällt der berühmte Apologet und Märtyrer Justin, von dem wir ausser Fragmenten drei vollständige unbezweifelte Schriften, die zwei Apologien und den Dialog mit dem Juden Tryphon besitzen. Während Justin in seiner zweiten Apologie, die er erst um 161 geschrieben, äusserst selten Gebrauch von Schriftstellen

---

[1] Die apostolischen Väter, S. 271 ff.

gemacht — eine lehrreiche Thatsache — hat er deren sehr zahlreiche seiner ersten Apologie vom Jahre 138 und seinem Dialog, der zwischen beide Apologien fällt, einverleibt. Begreiflicher Weise knüpft sich das grösste Interesse an diese Citate, von denen die ersteren, wie schon bemerkt, aufs Jahr 138 zurückreichen. Ergibt sich daraus, dass Justin bereits unsere Evangelien in Gebrauch hatte, so ist damit ein sehr gewichtiger Beleg für die frühzeitige Autorität derselben gefunden. Man hat diese Frage in neuerer Zeit vielfältig behandelt, aber in verschiedenem Sinne beantwortet. Dass nämlich Justin unsern Matthäus an vielen Stellen wiedergibt, ist unleugbar; dass er den Marcus und den Lucas kenne und befolge, wird an mehreren Stellen höchst wahrscheinlich. Dieses Ergebniss glaubt man damit beeinträchtigen zu können, dass Justin anstatt unserer Evangelien eine oder mehrere Schriften von nächster Verwandtschaft mit unseren Evangelien, etwa das Evangelium der Hebräer oder, wie man noch lieber will, das von diesem gewiss abgeleitete aber bis auf wenig Andeutungen[1] uns ganz unbekannt gebliebene Petrusevangelium könnte befolgt haben. Eine Stütze dieser Annahme findet man in manchen Citaten Justins, die sich mit gleicher Differenz von unseren kanonischen Texten in den Pseudo-Clementinischen Homilien wiederfinden. Es wird aus solchen Stellen in

---

[1] Darunter ist die bei Theodoret haeret. fabul. II, 2, wornach es — gleichwie sonst immer das Hebräerevangelium — im Gebrauche der Nazaräer gewesen sein soll. Eusebius berichtet hist. eccl. VI, 12 das Urtheil Serapions Bischofs von Antiochien (191) darüber. Origenes erwähnt zu Matth. 13, 54 ff., dass es gleich dem Jacobusbuche die „Brüder" Jesu aus einer früheren Ehe Josephs herleite.

der That wahrscheinlich, dass Justin jenes gleichfalls in frühester Zeit so vielfach auf Matthäus zurückbezogene Evangelium der Hebräer in einer seiner ältesten Recensionen in den Kreis seiner evangelischen Citate gezogen, wie denn noch Eusebius in der ersten Hälfte des vierten Jahrhunderts angibt, dass dies Evangelium zu seiner Zeit noch von mehreren Seiten zum Kanon gerechnet wurde. Dagegen ist es eine offenbare und haltlose Willkür, für solche seiner Citate, die sich theils genau theils ungenau unseren kanonischen Texten anschliessen, eine verlorengegangene dem Gebiet vager Conjektur verfallene Quelle anzunehmen. Eine solche Annahme ist um so weniger berechtigt, weil freiere Anführungen aus unseren Evangelien nicht nur dem Charakter der Zeit, in die sie fallen, dem vierten und fünften Jahrzehnt des zweiten Jahrhunderts völlig angemessen sind, sondern sich auch ganz analog aus dem Alten Testamente bei demselben Justin nachweisen lassen, wenn man auch immer seinen Text nicht ausschliesslich nach unseren textlichen Autoritäten der LXX messen darf. Eben so wenig ist zu übersehen, dass die evangelischen Texte Justins nicht ohne Weiteres nach den uns überlieferten Dokumenten des Neutestamentlichen Textes beurtheilt werden dürfen, dass vielmehr manche unserer üblichen Lesarten aus früherer oder späterer Corruption des Urtextes hervorgegangen, dass die evangelischen Texte überhaupt schwerlich einige Jahrzehnte in Gebrauch waren, ohne von ihrer Texteseinheit verloren zu haben. [1]

---

[1] Es ist ein sehr missliches Ding, aus der Weise wie Justin Matth. 11, 27 citirt, auf eine vom Evangelium der Kirche verschiedene Quelle

Unsere bisherigen Erörterungen der evangelischen Citate Justins galten nur denjenigen, die sich an die Synoptiker anschliessen. Wie stehts aber bei ihm mit Johannes? Die Ansicht, dass auch Johannes von Justin nachweislich berücksichtigt worden sei, besitzt für die unbefangene Betrachtung zwingende Beweisgründe; um daran ernstlich zu zweifeln, dazu gehört unseres Erachtens die ganze Voreingenommenheit der Gegner des Johanneischen Evangeliums. Wie die Uebertragung des Logos auf Christus, von der uns keine Spur weder in den Synoptikern noch in den ältesten Parallelschriften derselben vorliegt, an mehreren Stellen Justins von Johannes abzuleiten ist, so enthält die Antwort des Täufers an die fragenden Boten der Juden genau die Worte, die nur Johannes berichtet;[1] und die vielbeleuchtete Stelle von der Wiedergeburt[2] nöthigt sogar zu einer verloren gegangenen Schrift, mit einer Stelle wie sie im Johannes (3, 4 fg.) wirklich steht, Zuflucht zu nehmen.[3] Mit dergleichen Kunststücken

---

bei ihm zu schliessen, während doch dieselbe Satzumstellung nicht nur bei Epiphanius unter 11 Anführungen siebenmal, sondern auch zweimal bei Irenäus steht, obgleich der Letztere an einer dritten Stelle die den Gnostikern eigene Lesart darin findet. Eben dieser Vers enthält auch in seinen übrigen Bestandtheilen den Beweis von den frühzeitigsten Textesänderungen, ohne dass wir berechtigt sind zu sagen: da ist der kanonische, da ist der häretische Text. Vergl. zu dieser Stelle mein Nov. Test. Gr. Ed. VIII. 1. Lief. 1864.

[1] Vergl. Dial. § 88 mit Joh. 1, 20.
[2] Siehe Apol. 1, 61.
[3] Man hat, um dem Johanneischen Evangelium zu entgehen, besonders betont, dass der Ausdruck βασιλεία τῶν οὐρανῶν (regnum caelorum) bei Justin nicht Johanneisch sei. Aber eben diese Schreibweise weist sich durch den Codex Sinaiticus, unterstützt durch mehrere der

lässt sich freilich allenthalben der Geschichte ins Gesicht schlagen. In ähnlicher Weise und auch mit derselben Berechtigung will man das sehr charakteristische Zusammentreffen Justins mit Joh. 19, 37 im Texte der Sacharja-Stelle bedeutungslos machen, indem ja beide unabhängig von einander aus einer nicht nachweisbaren Quelle gegen die LXX geschöpft haben könnten.

Wir erwähnen noch, dass auch der gewöhnliche Ausdruck Justins für die Evangelien als „die Denkwürdigkeiten der Apostel, Evangelien genannt," seinen Gebrauch unserer Evangelien bestätigt. Das Absehen von den Namen der einzelnen Autoren, die er jedoch genau genug charakterisirt als wirkliche Apostel und als Begleiter derselben,[1] daneben die Berufung auf diese auch collectivisch als das Evangelium von ihm bezeichneten Schriften als Autoritäten, lässt uns auf eine schon vorhandene kanonische Bevorzugung derselben schliessen, die allein vermögend war, die Person der Einzelnen, trotzdem dass es Apostel und Apostelschüler galt, zurücktreten zu lassen.

Aber wir müssen, ehe wir weitergehen, nochmals auf das Hebräerevangelium zurückkommen, dessen Mitgebrauch neben unseren synoptischen Evangelien so gut bei Justin wie in den Pseudo-Clementinen, fast auch in Tatians Diatessaron

---

ältesten griechischen und lateinischen Autoritäten, als ursprünglich aus. Der Zusatz bei Justin: fieri autem non posse ut semel nati in uteros matrum ingrediantur, manifestum omnibus est, muss durchaus als entscheidend betrachtet werden für die Annahme der Abhängigkeit des Citats von Johannes.

[1] Siehe Dial. § 103.

oder Evangelienharmonie, Wahrscheinlichkeit für sich hat. Sehen wir dadurch nicht die Sache des frühesten Evangelienkanons in bedenklicher Weise gestört? So scheint es wenigstens dann, wenn dasselbe als selbständige Schrift neben den Synoptikern zu betrachten sein sollte. Gegen eine solche Betrachtung machen sich aber sehr ernste Gründe geltend. Es ist schon erwähnt worden, dass dasselbe auf die Autorschaft des Matthäus zurückgeführt wurde. Wir werden später noch darauf kommen, dass es in sehr früher Zeit sogar für die Originalschrift des Matthäus nach der hebräischen Textgestalt angesehen wurde, neben welcher jedoch auch griechische Redaktionen, wir wissen nicht unter welchen Textesschwankungen, bei judenchristlichen Fraktionen in Gebrauch waren. Dazu kommt, dass die von seinem Texte aus dem Alterthume uns überlieferten Aufzeichnungen, vor allen andern die erst kürzlich durch den Verfasser dieser Schrift ans Licht gebrachten,[1] eine wirkliche Parallelschrift

---

[1] Siehe meine Notitia editionis cod. Sin. cum catalogo codicum etc. S. 58 fg. Die daselbst in meiner Sammlung griechischer Mss. unter Nr. 2 verzeichnete Evangelienhandschrift, wol aus dem 9 Jahrh., enthält zu vier Stellen des Matthäus die Parallelen des Hebräerevangeliums (το ιουδαϊκον benannt). Zu 4, 5 heisst es, dort stehe „nach Jerusalem", nicht „in die heilige Stadt." Zu 16, 17, dort heisse es υιε ιωαννου („Sohn Johannis"), nicht βαριωνα („Sohn Jona's"). Zu 18, 22, im Hebräerevangelium folge nach den Worten: „siebenzigmal siebenmal" der Zusatz: „Denn auch an den Propheten, nachdem sie gesalbt worden waren mit dem heiligen Geiste, ist erfunden worden Sünde" (wörtlich: „Wort der Sünde", λογος αμαρτιας). Diese merkwürdige Stelle war lateinisch schon von Hieronymus ausgeschrieben worden. Zu 26, 74 wird angeführt, dass anstatt der Worte: „da hub er an sich zu verfluchen und zu schwören", das Hebräerevangelium lese: „und er leug-

unseres Matthäusevangeliums nicht verkennen lassen. Alle diese Umstände führen zu der Annahme, dass anfangs und wol noch in der ersten Hälfte des 2. Jahrhunderts das Matthäus- und das Hebräerevangelium nicht als wesentlich, sondern nur als redaktionell verschiedene Schriften aufgefasst wurden, und dass sich erst allmälig eine grössere Klarheit über die wirklichen Verschiedenheiten zwischen beiden verbreitete. Geschah es doch noch ums Ende des vierten Jahrhunderts, dass der gelehrteste Theolog und kundigste Kritiker seiner Zeit, Hieronymus, als er des Hebräerevangeliums im syrochaldäischen Landesdialekt habhaft geworden war, voll der Erinnerung an die frühzeitige Tradition, glaubte, es sei der Originaltext des Matthäus in seine Hände gefallen. Erst nachdem er es genauer kennen gelernt und sowol ins Lateinische als auch ins Griechische übertragen hatte, begnügte er sich zu sagen, dass es viele für das ursprüngliche Matthäusevangelium halten.

Von Justin gehen wir nun auf andere Zeugnisse aus dem Zeitalter desselben über, die unsere aus ihm selber abgeleitete Ansicht von so frühzeitiger Kanonisirung der Evangelien kräftig stützen, und zwar zunächst auf die häretischen

---

nete und schwur und fluchte". Eine solche Parallelisirung einzelner Stellen, wie sie uns hier vorliegt, wäre sinnlos, wäre unmöglich gewesen, hätte das Hebräerevangelium nicht gleiche Anlage, gleichen Verlauf, ja in der Regel gleiche Diktion mit Matthäus gehabt. Wenn einige unter den patristischen Anführungen aus demselben dieser Auffassung weniger Vorschub leisten, so darf nicht vergessen werden, dass diese Anführungen gerade auf die Verschiedenheiten von Matthäus ausgehen mussten und uns eben als solche gegeben worden sind.

Zeugnisse. In dieser Beweisführung haben wir keinen geringeren Vorgänger als Irenäus, der den Ausspruch gethan: „So fest aber sind unsere Evangelien begründet, dass selbst die Häretiker Zeugniss für dieselben ablegen, und dass jeder derselben von ihnen ausgeht, um seine eigene Lehre zu begründen."[1] Dieser grossartige Ausspruch aus der zweiten Hälfte des zweiten Jahrhunderts über den Charakter der ersten Hälfte gewährt einen wahren Schutz und Schirm für die Authentie unserer Evangelien, die man aus derselben Zeit vernichtend bekämpfen zu können vermeint; lässt er sich doch auch noch heute mit Thatsachen belegen. Denn was uns die ältesten Kirchenväter, denen wir die Kenntniss der frühesten Häretiker verdanken, von ihren Systemen und von ihren Schriften berichten, beweist mit Evidenz, dass sie sich in entschiedener Abhängigkeit von unseren Evangelien befunden haben. Obenan stehen unter diesen Gewährsmännern Irenäus und der Verfasser der Philosophumena Hippolytus. Für Valentins ganzes System ist die dem Johannesevangelium entlehnte Terminologie charakteristisch; es liegt darin eine so unleugbare Beziehung des einen zum andern vor, dass bei der Leugnung der Abhängigkeit Valentins von Johannes nur die Abhängigkeit des Letztern vom Ersteren übrig bleibt. Es versteht sich, dass die Kühnheit der Gegner des Johannesevangeliums sich bis zu diesem unsinnigen Einfall erhoben hat; er kennzeichnet den Verzweiflungskampf für eine mit

---

[1] Siehe adv. haer. III, 11, 7. „Tanta est autem circa evangelia haec firmitas, ut et ipsi haeretici testimonium reddant eis, et ex ipsis egrediens unusquisque eorum conetur suam confirmare doctrinam."

dem Tod bedrohte Lieblingsmeinung. Was aber Irenäus auch noch mit klaren Worten ausspricht, dass sich die Sekte Valentins des Johanneischen Evangeliums vollständigst bediene,[1] indem er, um von andern zahlreichen Stücken zu schweigen, namentlich zeigt, wie sie ihre Lehre von der ersten Ogdoade aus dem ersten Kapitel des Johannes hergeleitet,[2] das belegt Hippolytus seinerseits damit, dass er bestimmte Johanneische Aussprüche des Herrn aus Valentins Gebrauch anführt.[3] Neben diesen Belegen für Johannes dürfen wir nicht unterlassen zugleich anzumerken, dass der Gebrauch der synoptischen Evangelien ebenso entschieden durch Valentins System bezeugt wird, wie er z. B. seinen Demiurgen in jenem Hauptmanne zu Kapharnaum erkennt und durch seinen Ausspruch Matth. 8, 9. Luc. 7, 8. den Demiurgen charakterisiren lässt;[4] wie er die gestorbene und wieder erweckte Tochter des Jairus Luc. 8, 41 ff. zum Sinnbild seiner Achamoth macht;[5] wie er den Ausspruch des Herrn Matth. 5, 18 auf seine

---

[1] S. adv. haer. III, 11, 7. Hi autem qui a Valentino sunt, eo (sc. evangelio) quod est secundum Johannem plenissime utentes ad ostensionem conjugationum suarum, ex ipso detegentur nihil recte dicentes, quemadmodum ostendimus in primo libro.

[2] S. adv. haer. I, 8, 5. Adhuc autem Johannem discipulum domini docent primam Ogdoadem et omnium generationem significasse ipsis dictionibus etc.

[3] Siehe besonders VI, 35. Die Stelle heisst: „Deshalb" (weil die Propheten und das Gesetz vom Demiurgen aus geredet, $\varepsilon\lambda\alpha\lambda\eta\sigma\alpha\nu\ \alpha\pi o$ $\tau o\tilde{v}\ \delta\eta\mu\iota o\nu\rho\gamma o\tilde{v}$), „sagt er" (d. h. Valentin), „spricht der Erlöser: Alle die vor mir gekommen sind, die sind Diebe und Mörder gewesen." Vergl. Joh. 10, 8.

[4] Iren. adv. haer. I, 7, 4.

[5] Ebendaselbst I, 8, 2.

zehn im Zahlenwerthe des Jota („der kleinste Buchstab") ruhenden Aeonen anwendet;[1] wie er das Leiden und die Erlösung des zwölften Aeon durch die Geschichte des 12 Jahre lang am Blutfluss leidenden und durch des Herrn Wort geheilten Weibes Matth. 19, 20 ff. bildlich dargestellt sein lässt.[2] Es kann keinen schlagendern Beweis für die schon in den ersten Jahrzehnten des zweiten Jahrhunderts ausgeprägte kirchliche Autorität der Evangelien geben als die seltsame künstliche Weise, in welcher Valentin mit seiner Schule die Begründung eines so hochfliegenden phantastischen Systems aus dem einfachen Wortlaute der Evangelien versuchte.

Von einem der Schüler Valentins, Namens Ptolemäus, besitzen wir einen vollständig von Epiphanius aufbewahrten Brief, „an die Flora." Darin steht neben mehreren Citaten aus Matthäus auch eins aus dem ersten Capitel des Johannes. Ein anderer Anhänger desselben, Herakleon, der nach Origenes als Valentins Zeitgenosse galt und als solcher durch Epiphanius bestätigt wird,[3] hat einen ganzen Commentar über das Johannesevangelium geschrieben. Diese Thatsache zwingt nicht nur zur Annahme einer unzweifelhaften Autorität dieses Evangeliums in der Mitte des 2. Jahrhunderts, sie bestätigt auch die von Irenäus angegebene Abhängigkeit des Valentinschen Systems selbst von demselben. Und dadurch,

---

[1] Iren. adv. haer. I, 3, 2.
[2] Ebendaselbst I, 3, 3.
[3] Epiphanius (haeres. 41) lässt den Cerdo, der Irenäus zufolge (III, 4, 3) unter dem Bischofe Hygin mit Valentin in Rom war, auf den Herakleon folgen.

dass Herakleon die Satzungen seiner Schule, wie Origenes in vielen Fragmenten aus dem Commentare darthut, aus dem Johannes mühsam und gezwungen zu rechtfertigen versuchte, in einer Weise, die mit der oben betrachteten Art Valentins rivalisirt, beweist er ebenso die Absurdität jenes Einfalls, der den Johannes selbst aus der Valentinschen Schule ableiten möchte, wie er von Neuem das Gewicht erkennen lässt, das schon damals die kanonischen Schriften der Kirche selbst in den Augen eigenwilliger Häretiker besassen.

Wir haben es aber auch hier nicht mit einer vereinzelten Thatsache zu thun, die immerhin auch vereinzelt volle Beweiskraft haben würde; wir finden vielmehr denselben Zeitpunkt, die erste Hälfte des 2. Jahrhunderts, in voller Harmonie damit. Vor Anderen nennen wir zwei zu den ältesten ophitischen Gnostikern zählende Sekten, die Naassener, in deren Lehrsätzen nach des Hippolytus ausführlicher Darlegung [1] sowol synoptische als Johanneische Stellen verarbeitet waren, und die Peraten,[2] aus deren Schriften uns Hippolytus wiederum vorzugsweise Johanneische Stellen nachweist.

Dass die Montanisten mit der Idee ihres Paraklets von Johannes abhängig gewesen seien, bleibt in hohem Grade wahrscheinlich; ganz besonders deshalb, weil die sogenannten Aloger in ihrer Opposition gegen die Montanisten das Evan-

---

[1] Siehe V, 6 ff. Aus Johannes wird z. B. benutzt 1, 3. 4. (V, 8) 4 21 ff. (V, 9) 4, 10 (ebendaselbst). Aus Matth. 7, 13. 14. (V, 8).

[2] Siehe V, 12 ff. Aus Johannes steht z. B. 3, 14 und der Anfang des Evangeliums 1, 1—4 in V, 16. Desgleichen 3, 17 in V, 12. 8, 44 in V, 17.

gelium des Johannes verwarfen. Schon Irenäus [1] gibt bei der Erwähnung dieser Gegner des Montanismus deutlich zu verstehen, dass er den Montanistischen Paraklet für abgeleitet vom Johanneischen hielt. Uebrigens legen ein indirektes Zeugniss für das hohe über ihre eigene Zeit und den Montanismus weit hinaufreichende Alter des Johanneischen Evangeliums, wie neuerdings mit Recht festgehalten worden ist, eben jene Gegner des Montanismus dadurch ab, dass sie dasselbe sammt der Apokalypse dem Cerinth, jenem häretischen Zeitgenossen des Johannes, zuschrieben.

Zu den ältesten Gnostikern gehört bekanntlich auch Basilides; er lebte unter Hadrian. Ob seine 24 Bücher Commentar zum Evangelium wenigstens vorzugsweise unsern Evangelien gegolten, ist nicht nachweisbar, aber die Ausdrucksweise des Agrippa Castor bei Eusebius [2] macht es in der That wahrscheinlich, indem sie zugleich die Gesammtheit der Evangelien als ein Ganzes von Basilides anerkannt sein lässt. Dazu kömmt als Bestätigung dieser Ansicht, dass wir durch Hippolytus mit Bestimmtheit erfahren, dass Basilides aus Johannes und Lucas wörtlich citirt hat, [3] indem er ihre Aussprüche seinem Systeme gemäss in Anwendung brachte.

---

[1] Siehe III, 11, 9. wo die Worte: alii vero etc. jedenfalls auf die Aloger zu beziehen sind. Diese Stelle des Irenäus verbietet auch anzunehmen, dass die Idee des Parakleten erst von Tertullian in den Montanismus hineingetragen worden sei.

[2] Euseb. hist. eccl. IV, 7.

[3] Siehe VII, 22 und 27, wo Joh. 1, 9 und 2, 4 unleugbar benutzt sind. Aus Lucas aber wird VII, 26 die Stelle der Verkündigung an Maria 1, 35 angewandt.

Auch auf die Erzählung des Matthäus vom Sterne der Magier weist er zurück.[1]

Noch haben wir Marcions nicht gedacht, dem oberflächliche Betrachtung lange Zeit hindurch eine wichtige Stelle in der Geschichte des Neutestamentlichen Kanons angewiesen, weil man meinte, er sei mit einer Sammlung kanonischer Schriften etwa bald vor der Mitte des 2. Jahrhunderts der Kirche selbst vorangegangen. Diese Ansicht ist nicht minder irrig als diejenige, welche sich, vor einigen Jahrzehnten wenigstens, mancher Vertreter zu rühmen gehabt, seinem Evangelium gehöre die Priorität vor unserem Lucas zu. Der grosse Afrikaner, der dem Marcion so siegreiche Waffen gewidmet hat, belehrt uns, dass derselbe anfänglich unsere sämmtlichen Evangelien anerkannt hatte und später erst den Beruf eines Evangelien-Reformators in sich fühlte. Dabei habe er den Ausspruch des Apostels Paulus von falschen, das Evangelium Christi verwirrenden Aposteln in seinem antijudaistischen Eifer auf die Apostel und die Apostelschüler, d. h. auf ihre evangelischen Schriften angewandt.[2] Tertullian benutzt zu diesen Angaben einen Brief des Marcion, in welchem derselbe sowol von seiner früheren Annahme der

---

[1] Am a. O. VII, 22.

[2] Siehe adv. Marcion. IV, 3. Sed enim Marcion nactus epistolam Pauli ad Galatas, etiam ipsos apostolos suggillantis ut non recto pede incedentes ad veritatem evangelii, simul et accusantis pseudapostolos quosdam pervertentes evangelium Christi, connititur ad destruendum statum eorum evangeliorum quae propria et sub apostolorum nomine eduntur vel etiam apostolicorum, ut scilicet fidem quam illis adimit suo conferat.

Evangelien als auch von seiner darauf gefolgten Verwerfung und, in Bezug auf Lucas, Verbesserung geschrieben hatte.[1] Hätte Tertullian etwa von seiner eigenen Zeit aus — er schrieb ungefähr 50 Jahre später — dem Marcion die kanonischen Evangelien gleichsam octroyiren wollen, so wäre seine Beweisführung ganz verfehlt und seine Ausdrucksweise ungehörig gewesen, während wir im andern Falle, den mehrere Stellen seiner Streitschrift nothwendig fordern, die ganze Wucht seiner strengen Folgerungen, würdig des Mannes, wie ihn die Geschichte, die Kirche kennt, herausfühlen können.

An die frühesten Häretiker müssen wir Celsus, jenen scharfsinnigen und spöttischen Bekämpfer des Christenthums anreihen, der sein Buch gegen die christliche Wahrheit um die Mitte des zweiten Jahrhunderts geschrieben. Indem ihn

---

[1] Siehe de carne Christi 2. Nachdem hier Tertullian verschiedene Züge der evangelischen Vorgeschichte bei Matthäus und Lucas aufgezählt hat, die Marcion nach seiner hohen Prätension hinweggethan habe, fährt er fort: His opinor consiliis tot originalia instrumenta Christi delere, Marcion, ausus es, ne caro eius probaretur. Ex qua, oro te, auctoritate? Si propheta es, praenuncia aliquid; si apostolus, praedica publice; si apostolicus, cum apostolis senti; si tantum Christianus es, crede quod traditum est; si nihil istorum es, merito dixerim, morere; nam et mortuus es, qui non es Christianus, non credendo quod creditum Christianos facit. Et eo magis mortuus es, qui non es Christianus: qui cum fuisses, excidisti, rescindendo quod retro credidisti, sicut et ipse confiteris in quadam epistola, et tui non negant et nostri probant. Igitur rescindens quod credidisti, iam non credens rescidisti; non tamen quia credere desisti recte rescidisti. Atqui rescindendo quod credidisti, probas ante quam rescinderes aliter fuisse quod credidisti, aliter illud ita erat traditum. Porro quod traditum erat, id erat verum ut ab eis traditum quorum fuit tradere. Ergo quod erat traditum rescindens, quod erat verum rescidisti.

Origenes widerlegt, führt er uns viele Stellen seiner Schrift selbst vor, und aus diesen ergibt sich, dass er vorzugsweise und ausdrücklich aus unseren Evangelien den Stoff zu seinen Angriffen entnommen. Auf alle vier Evangelien bezieht er sich wol mit demjenigen, was er von den Engelerscheinungen bei der Auferstehung Jesu erwähnt; denn er sagt, nach den Einen seien zwei Engel, nach den Andern einer zum Grabe gekommen. Schon Origenes verstand unter den Ersteren Lucas und Johannes, unter den Andern Matthäus und Marcus. In ähnlicher Weise und noch bestimmter machte er von verschiedenen synoptischen Erzählungen, namentlich denen des Matthäus, und von den Johanneischen Gebrauch. [1] Es lässt sich weder sagen, Celsus habe dergleichen aus der lebendigen christlichen Tradition geschöpft; denn er legt selbst Gewicht darauf, dass er aus den evangelischen Schriften der Christen schöpft; [2] noch lässt sich auch nur mit der geringsten Wahr-

---

[1] So citirt und kritisirt er auf seine Weise die Erzahlung von den anbetenden Magiern, die er jedoch Chaldäer nennt (1, 58), die Flucht des Kindes nach Aegypten auf des Engels Geheiss (1, 66), die Taubenerscheinung bei der Taufe (1, 40), die Geburt von der Jungfrau (1, 40), die Anweisung, die Jesus bei Matth. 10. 23 den Jüngern gibt (1, 65), den Kampf in Gethsemane (2, 24), den Durst am Kreuze (2, 37), den Ausspruch Jesu, es sei leichter, dass ein Kamel durch ein Nadelöhr gehe etc., worin er die Entstellung eines Platonischen Ausspruchs wieder erkennen will (6, 16), und viele anderen Stellen. Auf Johannes bezieht er sich damit, dass er sagt, Jesus sei von den Juden im Tempel zu einem Wunderzeichen aufgefordert worden (1, 67); er greift die Bezeichnung Jesu als Logos, als Wort Gottes an (2, 31); er spottet darüber, dass bei der Kreuzigung Blut aus der Seite geflossen (2, 36). u. s. w.
[2] So führt Origenes 2. 74 die Worte von ihm an: „Und dies alles haben wir aus cueren eigenen Schriften entnommen; wir brauchen kein

scheinlichkeit behaupten, es könnten ihm andere ähnliche Quellen gedient haben; denn dagegen zeugt nicht nur Origenes, der einiges aus apokryphischen oder vielmehr antichristlichen Quellen Geschöpfte genau ausscheidet,[1] sondern auch Celsus selbst, indem er die anfängliche Herbeiziehung fremdartiger Aufzeichnungen ausdrücklich aufgibt und sich ausschliesslich auf „die Schriften der Schüler Jesu" stützen will,[2] die offenbar bereits und zwar allein Autorität in der Kirche besassen.

Wir haben somit das zweite Jahrhundert von seinem Ausgange bis zurück zu seinen ersten Jahrzehnten in Betracht gezogen. Von den Männern der Kirche selbst und ihren Schriften gingen wir auf das so reiche Gebiet der Häresie desselben Zeitalters über, und zogen zuletzt auch einen erklärten Feind des Christenthums herbei, den Verfasser der

---

weiteres Zeugniss, denn ihr fallt in euer eigenes Schwert." 2, 27 spricht Celsus davon, dass Christen zu polemischen Zwecken „das Evangelium" ändern und entstellen.

[1] Nach der obigen Versicherung des Celsus (aus 2, 74) weist Origenes darauf hin, dass derselbe dennoch auch vieles vorgebracht, was nicht in den Evangelien stehe. Dies bezieht sich auf blaspheme Angaben über die Maria, sie sei wegen ehebrecherischen Umgangs mit einem Soldaten, Nameus Panthera, von ihrem Manne, einem Zimmermanne, verstossen worden, auch auf Kindheitserzählungen, Jesus habe z. B. in Aegypten geheime Künste erlernt. Auf die Quelle dieser Vorwürfe weist Celsus selbst hin und sagt 2, 13: „Ich könnte vieles vorbringen, was über Jesus geschrieben worden, der Wahrheit gemäss, aber sehr verschieden von den Schriften der Jünger Jesu; doch ich will dies beiseits lassen." Nach dieser Erklärung hält sich Celsus in der That an die evangelischen Erzählungen.

[2] Siehe die vorigen Noten.

ersten ausdrücklichen Gegenschrift. Es ergibt sich als Summa dieser Betrachtungen, dass bereits vor der Mitte des zweiten Jahrhunderts, oder genauer, bis gegen die Mitte der ersten Hälfte desselben zurück, der Gebrauch und die Autorität unserer Evangelien, der Johanneischen wie der synoptischen, sicher bezeugt vorliegt.

Mit diesem Resultate, so viel es auch den üblich gewordenen Entstellungen gegenüber zu gelten hat, ist die Grenze einer geschichtlichen Evangelien-Apologie noch keineswegs erreicht. Um es zu vervollständigen und weiter zu führen, treten wir jetzt in einen eigenthümlichen Literaturkreis des gleichen Zeitalters ein, der nach langer Vernachlässigung und Verkennung erst in unseren Tagen wieder neuen Anbau und neues Licht empfangen, die Neutestamentlich apokryphische Literatur. Sie nimmt gewissermassen eine eigene Stelle ein zwischen der kirchlichen und der häretischen Literatur; wenigstens viele Erzeugnisse derselben dienen den Zwecken der ersteren mit den Mitteln der letztern. Dies gilt vorzugsweise von zwei Schriften, auf die wir für unseren Zweck näher einzugehen haben, von dem sogenannten Protevangelium des Jacobus und von den Pilatusacten; eine dritte Schrift, die wir anschliessen, das Kindheitsevangelium des Thomas, steht der Häresie näher.

Ein grosses und mannigfaltiges Interesse knüpft sich an diese Denkmäler des hohen christlichen Alterthums, wie wir anderwärts, in unsern Textbearbeitungen der apokryphischen Evangelien und in einer früheren Preisschrift über den Ursprung und Gebrauch derselben angedeutet haben; hier haben wir uns darauf zu beschränken, dass sich aus ihnen ein vollgiltiger Beweis für die frühzeitigste Beglaubigung unserer kanonischen Evangelien entnehmen lässt. Dieser Beweis hängt freilich vor allem von dem eignen Alter dieser Apokryphen ab, und nach dieser Seite war man längst bemüht einer Anwendung derselben, wie die unsrige sein wird, vorzubeugen. Uns hat sich als Resultat aufgedrängt, dass das Protevangelium Jacobi ebenso wie die Acta Pilati in den ersten Jahrzehnten des 2. Jahrhunderts verfasst sein müssen, und dass beide Schriften der Hauptsache nach noch jetzt in unseren Händen sind.

Den Hauptzeugen für diese Altersbestimmung haben wir an Justin. In seinem Dialog mit Tryphon und selbst in seiner ersten Apologie (vom Jahre 138) finden sich mehrere Angaben über die Geburt Jesu, als deren Quelle sich nur das Protevangelium nachweisen lässt. Sie beschränken sich nicht auf Thatsächliches, wie z. B. dass die Geburt in einer Höhle bei Bethlehem stattgefunden, sie ziehen vielmehr auch textliche Bestandtheile an, die nicht mit Lucas oder Matthäus, wol aber mit dem Jacobusbuche stimmen.[1] Lässt aber diese Ableitung keinen Einwand zu? Allerdings, dazu sind ja die verlorenen Schriften da. Aus einer solchen, meint man, könne

---

[1] Dahin gehört besonders, dass in den Erzählungen von der Verkündigung nur im Protevangelium wie bei Justin den an die Maria gerichteten Worten: „und du wirst seinen Namen Jesus heissen," der Zusatz: „denn derselbige wird sein Volk selig machen von ihren Sünden" angeschlossen wird, während er in der Parallele bei Lucas gänzlich fehlt und bei Matthäus den an Joseph gerichteten Verkündigungsworten angefügt wird.

ebensowol Justin geschöpft haben als auch das Protevangelium selbst hergeleitet sein. Als diese Schrift ist die gnostische γεννα μαριασ und noch mehr das Evangelium Petri entdeckt worden.[1] Wir haben es also hier mit der gleichen erfindungsreichen Taktik zu thun, die wir oben kennen gelernt. Um einer bestimmt nachweisbaren und noch vor unseren Augen liegenden Schrift sammt Consequenzen zu entgehen, wird dieselbe einer Ableitung aus verlorengegangenen Schriften verdächtigt, von denen uns das Alterthum ausser den Titeln nur die dürftigsten Notizen überliefert hat, die es freilich unmöglich machen der Vermuthungsphantasie sichere Thatsachen gegenüber zu stellen. Doch prüfen wir wenigstens so viel wir können. Die gnostische γεννα μαριασ in ein urschriftliches Verhältniss zum Protevangelium zu bringen, dazu hat Epiphanius[2] den Anstoss gegeben, indem er von den „schrecklichen" Bestandtheilen des Buches die dem Zacharias im Tempel gewordene Vision eines Mannes in Eselsgestalt, die daran sich knüpfende Verstummung sowie die Tödtung desselben infolge der von seiner Vision gemachten Mittheilung nebst einer an die erschienene Eselsgestalt anknüpfenden Erklärung vom Gebrauche der hohenpriesterlichen Schellen berichtet hat. Dieses Buch, das dieses daraus übriggebliebene Fragment hinlänglich kennzeichnet, eben hiernach als Urschrift des nach Jacobus benannten Buchs zu betrachten, wenn auch

---

[1] Siehe Hilgenfeld: Kritische Untersuchungen über die Evangelien Justins etc. S. 159 ff.
[2] Epiph. haeres. XXVI, 12. (Steht auch bei Fabric. Cod. apocr. N. T. p. 2.)

mit Einschiebung einer spurlos verloren gegangenen Urgestalt des letzteren selbst als Zwischengliedes, wer sollte darauf im Ernste verfallen können? Denn das letztere hat nichts mit der Erzählung des ersteren gemein, als dass Zacharias gleichfalls getödtet wird, aber aus ganz anderem Grunde und unter ganz anderen Verhältnissen.[1] Ebendeshalb mag wol ihr eigener Urheber eine andere Combination bevorzugt haben. An der Stelle nämlich wo Origenes das Jacobusbuch erwähnt, nennt er auch das Evangelium Petri; denn er sagt, die Brüder Jesu würden von Einigen, indem sie der Tradition des Petrusevangeliums oder der des Jacobusbuches folgten, so aufgefasst, dass sie als Söhne Josephs von einer ersten Frau zu betrachten seien. Kann nun nicht das Petrusevangelium oder doch die in ihm, was ja nunmehr gar keinem Zweifel unterliegen kann, gegebene Vorgeschichte die Grundlage für das Protevangelium abgegeben haben? Es handelt sich hier hinsichtlich Justins freilich um eine wörtliche Uebereinstimmung der vermeintlich von Justin befolgten Urschrift und der den Namen des Jacobus führenden Nachbildung: gleichwol kann Origenes Urschrift und Nachbildung, er brauchte ja

---

[1] Wollte man dennoch ein engeres Verhältniss zwischen beiden Schriften annehmen, so hätte es wenigstens ebenso viel für sich, die häretisch-gnostische Schrift in ähnlicher Abhängigkeit von dem halbkatholischen Jacobusbuche zu denken, wie so viele Erzeugnisse der ausserkirchlichen Literatur von der kirchlichen erscheinen. Dazu würden auch die Andeutungen Augustins im 23. Buche gegen Faustus passen, die wahrscheinlich derselben gnostischen Schrift gelten. Die Maria war darin als Tochter eines Priesters Joachim aus dem Stamme Levi dargestellt.

dies Verhältniss auch gar nicht zu kennen, unvermittelt neben einander gestellt haben. Nun wer wäre stark genug zügellosem Hypotheseneifer eine Grenze zu setzen.[1] Dass wir noch jetzt beiläufig 50 griechische Handschriften, daneben auch unter anderen eine syrische des 6. Jahrhunderts von unserer Schrift besitzen, und dass kein einziges der vielen Zeugnisse des Alterthums für dieselbe, von Origenes an, mit dem Texte dieser Handschriften in Widerspruch tritt, das gibt uns, gegenüber allen flatternden Hypothesen über verlorene Quellen, sicherlich ein gutes Recht an der Ursprünglichkeit dieser Schrift festzuhalten. Damit sind wir aber auch zu der Behauptung berechtigt, dass die unleugbare Uebereinstimmung Justins mit mehreren Stellen derselben die Bekanntschaft Justins mit eben dieser Schrift selbst voraussetzt. Nun steht

---

[1] Zur vollen Charakterisirung der Sache mag hier die Stelle aus Hilgenfeld zum Theil wenigstens selbst stehen. „Es ist freilich wahr, dass die erhaltene Gestalt des Protevangeliums, indem sie den Johannes und seine Eltern hineinzieht, ohne seine Geburt näher zu beschreiben, als unvollständig, über sich selbst hinausweist; allein da die Gnostiker in ihrer Schrift γεννα μαριασ auch die Erzählung von der Verstummung des Zacharias lasen, so ist die Vermuthung nicht gewagt, dass die ursprüngliche Gestalt des Protevangeliums auch diese Vorgänge enthielt." Diese Vermuthung mag nicht gewagt sein, aber sie ist völlig haltlos. Denn die Verstummung des Zacharias in dem gnostischen Buche steht völlig isolirt; sie hat nicht die geringste Analogie weder mit Lucas noch mit dem Protevangelium. Wenn das Protevangelium über sich selbst hinausweist, so ist doch klar, dass unsere kanonischen Evangelien und zwar hier das des Lucas im Hintergrund steht. Dagegen wird ohne Weiteres auf eine gnostische Urgestalt des Protevangeliums geschlossen: „Dasselbe ist offenbar nur in einer namentlich nach den kanonischen Evangelien überarbeiteten Recension erhalten, durch welche es manche Eigenthümlichkeiten verloren haben wird." Darf aber denn durchaus das Jacobus-

das Jacobusbuch, seiner ganzen Tendenz nach, in einem solchen Verhältnisse zu unsern kanonischen Evangelien, dass die letztern längst verbreitet gewesen sein müssen, längst gegolten haben müssen, ehe zur Erfindung des ersteren geschritten wurde. Die Andeutungen von der Jungfrau-Mutter des Herrn bei Matthäus und Lucas vermochten die Annahme eines leiblichen Sohnes Josephs und der Maria, wie sie nach judenchristlich-häretischem Geschmacke war, nicht zu hindern; die Erwähnung von Brüdern Jesu bei den Synoptikern schien gegen Matthäus und Lucas selbst zu zeugen; gelehrte Juden warfen den Christen die willkürliche Umbildung der jungen Frau bei Jesaja zur Jungfrau bei den Evangelisten vor; ja jüdische Gegnerschaft wollte Jesum zum ausserehelichen Sohne eines Panthera machen, und heidnische Skeptiker nützten griechische Fabeln von Jungfrausöhnen gegen die evangelische Ueberlieferung. In einer solchen Zeit, wie sie die erste Hälfte des 2. Jahrhund. bot, konnte nichts

---

buch nicht gleich ursprünglich an die kanonischen Evangelien angeknüpft haben, obschon damit das Verständniss seines ganzen Seins und Wesens gegeben ist? Später heisst es wieder: „Die Annahme, dass Justin ein solches altes Protevangelium benutzte, lässt sich zwar durchführen, wenn man es für wahrscheinlich hält, dass eine solche Schrift, wie sie bei den Gnostikern ja den Titel $\gamma\epsilon\nu\nu\alpha$ $\mu\alpha\varrho\iota\alpha\sigma$ führt, auch eine Genealogie der Maria enthielt." Nach weitern Bemerkungen folgt: „Um so anziehender ist daher eine andere Spur, auf welche uns Origenes leitet. Origenes stellt in der Stelle, wo er das Evangelium Petri und das Protevang. Jacobi erwähnt, beide als dasselbe berichtend zusammen. Wie, wenn beide Evangelien überhaupt sehr wesentlich verwandt gewesen wären? wie, wenn in dem Protevang. Jac. die Vorgeschichte des Petrusevang. — dass es eine solche Vorgeschichte hatte, kann nach der Angabe des Origenes (!) keinem Zweifel unterliegen — erhalten wäre?"

eine bessere Stütze für diese letztere, die evangelische Ueberlieferung, versprechen, als eine Schrift wie die nach Jacobus benannte, ausgestattet mit dem unwidersprechlichen historischen Nachweise von der hohen Bestimmung der Maria von ihrer Geburt an, von ihrer jungfräulichen Mutterschaft, von einer über eheliche Verhältnisse weit erhabenen Stellung der Maria zu Joseph.[1] Fällt aber nun diese Jacobusschrift in die ersten Jahrzehnte des 2. Jahrhunderts, so lässt sich die Abfassung der Evangelien des Matthäus und des Lucas, auf welche sich die Rückbeziehung der Jacobusschrift unter den Evangelien beschränkt, gewiss nicht später als in die letzten Jahrzehnte des vorhergehenden Jahrhunderts setzen.

Aehnlich verhält sichs mit der zweiten der oben in Betracht gezogenen apokryphischen Schriften, den sogenannten **Pilatusacten**, nur dass ihre Rückbeziehung noch mehr dem Johannes als den Synoptikern gilt. Auch für sie besitzen wir an Justin den ältesten Gewährsmann. In seiner ersten Apologie vom Jahre 138 verweist er zweimal auf die unter Pilatus (ἐπὶ Πιλάτου) verfassten Acta zur Bestätigung der mannigfaltigen Vorgänge bei der Kreuzigung und der prophetisch vorhergesagten Wunderheilungen Jesu.[2] Nach Justin besitzen wir

---

[1] Wir übergehen die Beziehung der Erzählung vom Tode des Zacharias im Protevangelium zu Matth. 23, 35. Darf dieselbe so aufgefasst werden, dass sie die historische Basis zu der Matthäusstelle zu vermitteln suche, so wäre damit der Beweis, den wir von der Jacobusschrift fürs Alter der Evangelien hernehmen, noch verstärkt.

[2] Siehe Apolog. I. 35 und 48. An der ersten Stelle führt Justin die Worte Jesaja's 65. 2 und 58. 2 sowie Psalm 21, 16. 18 an, und erklärt diese Weissagungen für erfüllt. Er schliesst aber mit den Worten:

ein gleiches aber noch ausführlicheres Zeugniss an Tertullians Aussage im Apologeticus.[1] Eine Schrift, die diesen ältesten Anführungen völlig entspricht und auch denselben Titel trägt, ist denn nun auch in vielen alten griechischen und lateinischen und noch anderen Dokumenten auf unsere Zeit gekommen. Sind wir berechtigt sie mit der uralten bei Justin und Tertullian zu identificiren?

Dass die neuerlich vorgebrachte Meinung,[2] die Berufungen Justins und Tertullians seien wol blos aus ihrer Vermuthung

„Und dass dies geschehen sei, könnt ihr aus den unter Pontius Pilatus verfassten Acten ersehen." An der zweiten Stelle beruft er sich auf Jesaj. 35, 4—6, und schliesst gleichfalls: „Und dass Jesus dies gethan habe, könnt ihr aus den unter Pontius Pilatus verfassten Acten ersehen."
[1] Siehe Apologetic. 21. Tertullian sagt, Jesus sei aus Neid von den jüdischen Schriftgelehrten dem Pilatus übergeben und von diesem, der dem Andrange der Kläger nachgegeben, dem Kreuze überliefert worden; am Kreuze hängend habe er unter einem lauten Ausruf den Geist aufgegeben und sei damit dem Henkersgeschäfte zuvorgekommen; in demselben Augenblicke sei der volle Tag durch Sonnenverfinsterung unterbrochen worden; am Grabe sei zur Verhütung einer Entwendung des Leichnams durch die Jünger, da er seine Auferstehung vorhergesagt, eine Soldatenwache niedergesetzt worden; am dritten Tage aber sei die Erde plötzlich erschüttert und die vors Grab gewälzte Last hinweggeworfen worden; im Grabe habe man nichts als Bestattungsüberreste vorgefunden; von den Obern sei das Gerücht ausgesprengt worden, der Körper sei von den Jüngern entwendet worden; Jesus selbst aber habe mit den Jüngern in Galiläa vierzig Tage verbracht und sie gelehrt was sie lehren sollten, und nachdem er sie abgeordnet um in der Welt zu predigen, sei er in einer Wolke gen Himmel erhoben worden. Diese so bezeichnende Ausführung schliesst Tertullian mit den Worten: „Dies alles hat Pilatus, den dann auch das Gewissen getrieben selbst Christ zu werden, von Christus dem damaligen Kaiser Tiberius berichtet."
[2] Siehe Weitzel: Die christliche Passahfeier der drei'ersten Jahrhunderte S. 248 ff.

oder auch aus einer verbreiteten Sage vom Vorhandensein eines Pilatus-Actenstücks geflossen, die wirkliche Schrift aber erst in Folge dieser Berufungen zu Ende des 3. Jahrh. entstanden, völlig unstatthaft sei, leuchtet ohne Zweifel jedermann ein, der die citirten Thatsachen, die sich niemand aus Phantasie in einem Actenstücke denkt, selber ansieht und den beiden Männern zutraut, dass sie wenn auch nur den geringsten Begriff von dem hatten was sie schrieben. Dagegen lässt sich mit Recht fragen, wie sich unsere Schrift zu der ursprünglichen verhalten möge. Die moderne Entstellung des Titels, wodurch aus den Pilatusacten das Evangelium Nicodemi geworden war,[1] hat dem Vorurtheile gegen das Alter des Inhalts der Schrift grossen Vorschub geleistet, und schon die Mannigfaltigkeit der uns überlieferten Texte stellt es ausser Zweifel, dass spätere Hände daran thätig gewesen, sowie sie auch die durchgängige Wiederherstellung der ältesten Textgestalt zu einer sehr schweren Aufgabe macht. Nichtsdestoweniger sprechen entscheidende Gründe dafür, dass unsere Pilatusacten die von Justin und Tertullian angezogene Schrift in der Hauptsache noch jetzt enthalten. Wir machen dafür zuvörderst geltend, dass der griechische Text nach der in den Handschriften verbreitetsten Recension durch zwei von uns zuerst erkannte und benutzte Urkunden der seltensten Art, eine koptisch-sahidische Papyrushandschrift und einen latei-

---

[1] Vergl. unsere Wiederherstellung des alten Titels und die Untersuchung darüber in den Prolegomenen der Evangelia apocrypha. S. LIV ff.

nischen Palimpsesten, beide wol vom 5. Jahrhundert, für ein Alter, das wenigstens um hundert Jahre über das der Dokumente selbst zurückreicht, überraschend beglaubigt wird. Eine Schrift aber, die schon zu Justins und Tertullians Zeiten das grösste Ansehen gehabt und bis zum Anfang des vierten Jahrhunderts so sehr behauptet hat, dass Kaiser Maximin andere blaspheme Pilatusacten, offenbar zur Verdrängung und Discreditirung der alten christlichen, herausgeben und aufs Eifrigste verbreiten liess,[1] diese sollte plötzlich förmlich umgearbeitet worden sein und sich nunmehr vom 5. Jahrhundert an, worauf so ausserordentlicher Weise ganz verschiedene Uebersetzungsdokumente übereinstimmend zurückreichen, nur nach der neuen Umformung erhalten haben? Wie dies aller historischen Kritik zuwiderläuft, so liegt auch in dem Inhalte selbst durch das singuläre Verhältniss einzelner Erzählungen zu der kanonischen[2] nicht minder als in der Uebereinstimmung mit den ältesten Citaten bei Justin und Tertullian, bei Eusebius und Epiphanius,[3] eine Bürgschaft des höchsten Alters vor. Und deshalb dürfen wir auch darauf, dass diese Acta Pilati, bei aller Freiheit der

---

[1] Siehe Euseb. hist. eccl. IX, 5 und 7.

[2] Vergl. darüber meine Schrift: Pilati circa Christum iudicio quid lucis afferatur ex actis Pilati. Lipsiae 1855.

[3] Epiphanius gibt an (haeres. L Quartodec. 1.), dass man sich zur Feststellung des Todestags Jesu auf die Acta Pilati berufen habe, wo der 25. März angegeben sei. Er fügt hinzu, dass er aber auch Exemplare mit der Angabe des 18. gefunden habe. Das erstere Datum steht auch in unseren Texten.

Darstellung, neben den synoptischen Aufzeichnungen ganz besonders und unbedingt das Johanneische Evangelium voraussetzen, grosses Gewicht legen. Es erscheint nicht etwa die eine oder die andere Johanneische Stelle in das Buch hineingetragen, was den Verdacht einer späteren Zuthat erregen könnte, nein, der ganze Bericht der Gerichtsverhandlungen lehnt sich wesentlich an die Johanneische Darstellung an, während bei der Kreuzigung und Auferstehung synoptische Bestandtheile vorherrschen.

Welche Bedeutung diese Thatsache für die Altersbestimmung unserer Evangelien und also namentlich des Johanneischen Evangeliums habe, springt in die Augen; sie wiegt weit schwerer als irgendwelche wörtlichen Citate aus Johannes im Zeitalter Justins. Müssen die übrigens offenbar apokryphischen und eine judenchristliche Hand verrathenden Pilatusacten schon darnach, dass sie Justin im Jahre 138 dem Römischen Kaiser gegenüber mit auffälliger Prätension citirt, in den Anfang des 2. Jahrhunderts gesetzt werden, so zeugen sie durch ihre Benutzung und Abhängigkeit vom Johanneischen Evangelium dafür, dass das letztere über den Anfang desselben Jahrhunderts hinaufreicht. Es fällt damit kein leuchtender Blitz in ein undurchdringliches Dunkel; es ist aber unter den vielen Lichtstrahlen, die uns aus dem unmittelbar nachapostolischen Zeitalter über die wichtigste Frage des Christenthums entgegenleuchten, einer der hellsten.

Auch das Kindheitsevangelium des Thomas haben wir oben für unsern Zweck angezogen. Dass es im Gebrauch der Markosier und der Naassener gewesen, bezeugen Irenäus und Hippolytus;[1] es war also jedenfalls eines jener frühesten Produkte der erfinderischen Häresie, und muss um die Mitte des 2. Jahrh. gesetzt werden. Seinen Text besitzen wir aber nur nach Fragmenten, die zum Theil unter sich selbst wieder auseinandergehen,[2] und daher die Zusammenhaltung des Einzelnen mit evangelischen Stellen erschweren und unsicher machen. Ein Zeugniss aber scheint das ganze Buch für unsere Untersuchungen doch abzulegen, und es ist nicht gering zu achten, das Zeugniss, dass zur Zeit seiner Entstehung, in der Mitte des 2. Jahrhunderts, der übliche evangelische Kanon der Kirche bereits constatirte, dass die Kindheitsjahre eine Lücke im Leben des Heilands bildeten. Es war somit ein Terrain für historische Erfindung übriggelassen, das die Häresie zu nützen wusste. Ausserdem tritt uns noch ein anderes entgegen, das auf die sämmtlichen drei uns mehr oder weniger erhaltenen Erzeugnisse der christlichen Apokryphie Anwendung erleidet. Der weite Abstand derselben in formeller und materieller Beziehung, in der Sprache wie im Geiste, in der Darstellung wie in der Auffassung, legt Zeugniss ab für eine heilige Ursprünglichkeit unserer kanonischen Evangelien, zu welcher sich ihrerseits die apokryphischen Schriften wie letzte nachhinkende Ausläufer verhalten.

Mit einem Worte möchten wir hier auch der pseudoclementinischen Literatur gedenken, deren Hauptschrift,

---

[1] Vergl. darüber meine Evangelia apocrypha in den Prolegg. S. XXXIX ff.
[2] Vergl. dieselbe Schrift.

die Homilien, gewiss um die Mitte des 2. Jahrh. zu setzen ist. Diese Abfassungszeit lässt zwar keine ähnlichen Folgerungen für die Geschichte des Kanons zu, wie wir sie bei dem Jacobusbuche und den Pilatusacten gezogen. Immerhin ist es aber von Interesse, dass die vermeintliche mit viel Aufwand hypothetischen Scharfsinns behauptete [1] Uebergehung des Johannesevangeliums in dieser berühmten judenchristlichen Tendenzschrift durch die erst neulich (durch Dressel in Rom) aufgefundenen Schlusstheile derselben, wo sich (XIX, 22) die Johanneische Erzählung vom Blindgebornen ohne allen Zweifel — mag auch die süsse Gewohnheit der Skepsis vor keiner Wahrheit weichen — benutzt findet, entschieden in Wegfall gekommen ist. [2]

Die Erörterungen über die Pilatusacten und das Jacobusbuch hatten uns bereits auf die ersten Jahrzehnte des 2. Jahrhunderts geführt und uns gedrängt anzuerkennen, dass schon in dieser frühen Periode der Gebrauch unserer Evangelien entschieden war. Keins der übrigen Resultate unserer Untersuchungen über die kirchliche und häretische Literatur des 2. Jahrhunderts stand in Widerspruch damit. Wir haben aber von den Apokryphen zu einem neuen Nach-

---

[1] Vergl. Hilgenfeld: Krit. Untersuchungen über die Evv. Justins etc. (vom Jahre 1850) S. 388. „Das Resultat unserer Untersuchung ist somit dieses, dass auch in den clementinischen Homilien vorzugsweise das Petrus-Evangelium, im Vergleich mit Justin mit einigen weiteren Fortbildungen, daneben Matthäus, vielleicht auch Lukas, aber in keinem Falle das Evang. Johannis benutzt ist."

[2] Siehe Dressel: Clementis Romani quae feruntur homiliae viginti nunc primum integrae. Gottingae 1853. S. 392.

weise desselben evangelischen Kanons für den Anfang des 2. Jahrhunderts fortzuschreiten, der sich an die Entdeckung des Sinaitischen Bibelcodex anlehnt.

In diesem Schriftmonument aus der Mitte des vierten Jahrhunderts hat sich als damaliger Bestandtheil des Kanons nach seiner weiteren Fassung der ganze griechische Text des Barnabasbriefs vorgefunden, dessen erste fünf Kapitel bis dahin nur aus einem alten lateinischen Codex bekannt worden waren. Am Schlusse des 4. Kap. bot längst der lateinische Text die Stelle dar: adtendamus ergo ne forte, sicut scriptum est, multi vocati, pauci electi inveniamur („hüten wir uns also, dass wir nicht, wie geschrieben steht, als viel Berufene aber wenig Auserwählte erfunden werden"). Der Beisatz: sicut scriptum est, hatte mit Recht überrascht und zu der Vermuthung geführt, er möchte ausschliesslich dem lateinischen späteren Uebersetzer angehören.[1] Es ist die Formel, durch welche kanonische Aussprüche von allen andern unterschieden werden, wie sie auch von den Evangelisten aus dem Munde des Heilands selbst, wo er das Alte Testament anführt,

---

[1] So z. B. Credner: Beiträge zur Einleitung in die bibl. Schriften I, 28. „Die Anführungsform: sicut scriptum est, von einem Neutest. Buche gebraucht, ist für diese Zeit ganz unerhört und ohne Beispiel." — — „Der Theil des Briefes des Barnabas, welcher die fragliche Stelle enthält, liegt uns nicht mehr im Griechischen Originaltext vor, sondern nur in einer alten Latein. Uebersetzung. Leicht war aber vom Uebersetzer den Worten die ihm geläufige Formel hinzugefügt, und aus innern Gründen müssen wir demnach die Richtigkeit des Textes an unserer Stelle so lange in Anspruch nehmen, bis man uns das Gegentheil beweist." Bei Dressel: PP. apost. opp. S. 7. heissts zu den betreffenden Worten: glossam olent.

berichtet wird.[1] Ist es möglich, so musste man sich daher zweifelnd fragen, dass dieses bedeutungsschwere Wort auf eine Stelle des Matthäusevangeliums in einem Schriftstücke angewandt wurde, das selbst Jahrhunderte lang gemäss seiner angeblichen Abstammung aus dem Apostelkreise von gewichtigen Autoritäten der Kirche in ihren frühesten Jahrhunderten zum Kanon gezogen worden? Da trat nach providentieller Fügung aus dem Dunkel eines Klosterwinkels die älteste griechische Pergamenturkunde, die die Welt besitzt, ans Licht, und in ihrem wunderbar reichen Inhalte auch der Urtext des Barnabasbriefs, der es denn nun bestätigt, dass sein Urheber jene Matthäusstelle mit den Worten „wie geschrieben steht" selbst eingeführt hat.

Aber dürfen wir ihre vermeintliche herrliche Zeugnisskraft nicht vielleicht dahin abschwächen, dass die Worte blos zur Bezeichnung einer schriftlichen Quelle dienen?[2] Wir halten es für unthunlich, gerade in einer so wichtigen Sache vom feststehenden Gebrauche eine Ausnahme zu machen. Die Uebertragung des Gebrauchs dieser Formel vom Alten Testamente auf eine Neutestamentliche Literatur constatirt die Gleichstellung der letztern mit der erstern, sie bezeichnet die Bildung eines Neutestamentlichen Kanons. Es liegt deshalb bei weitem mehr darin, als die Berufung auf eine

---

[1] Man vergleiche vor allem die Versuchungsgeschichte: Matth 4, 1 ff. Luc. 4, 1 ff.
[2] So Weizsäcker in seiner vortrefflichen Abhandlung: „Zur Kritik des Barnabasbriefes aus dem Cod. Sinait." 1863. S. 34.

schriftliche Quelle; der Ausdruck erhebt diese schriftliche Quelle zum Bestandtheile eines geltenden Kanons.

Aber sind wir auch genöthigt, die Beziehung auf die Matthäusstelle anzuerkennen? Was wäre so evident, um den Anfechtungen einer ungesunden vom Vorurtheil gefangen genommenen Kritik zu entgehen. Ein Jünger dieser Kritik hat sich zur Wiederaufnahme eines schon von Credner[1] verschmähten Einfalls erhoben, wodurch das Citat des Barnabasbriefs auf das vierte Buch Esra bezogen werden soll.[2] Dort heisst es nämlich im 8. Kap. nach dem lateinischen und äthiopischen Texte: nam multi creati sunt (der Aeth. setzt in eo d. i. mundo hinzu), pauci autem salvabuntur („denn viele sind geboren worden, aber wenige werden selig werden"). Trotz des gefundenen kameradschaftlichen Beifalls beweist dieser Einfall nur, zu welchen Verirrungen die Gegnerschaft gegen das Alter unsers evangelischen Kanons verleitet. Ja die augenscheinliche Ungereimtheit, ein aus Matthäus, der auch

---

[1] S. Beiträge a. a. O. „Schon die Worte wollen nicht passen, wenn man sie mit Orelli (Selecta pp. eccl. capita etc.) auf das apokryphische vierte Buch des Esra bezieht, welches Barnabas anderwärts anführt."

[2] S. Volkmar: Index lectt. in liter. univ. Turic. 1864. pag. 16. Scriptum est apud Esdram Prophetam IV Esd. 8, 3 „multi creati, pauci autem salvati." Hoc auctor confudit cum dicto Christi apud Matth. 19, 30, Christiano illo interpretamento dicti Esdrani. Quod Ed. mea Esdrae Prophetae 1863 p. 290 post J. C. de Orelli et C. A. Crednerum, quorum meritum plerisque in memoriam revocandum erat, demonstravit, omnibus qui hucusque de ea re ex Ed. mea iudicarunt, persuasit, etiam Hilgenfeldio (Die Propheten Esra und Daniel 1863 p. 70) et Straussio (Leben Jesu. Ed. V. 1864 p. 55). Reussium, Weizsäckerum, Holtzmannum, Tischendorfium, res tam de Esdra Propheta quam de Ep. Barn. nuper actas nimis ignorasse satis pigebit.

sonst im Briefe berücksichtigt ist,[1] streng wörtlich entnommenes Citat auf eine Stelle des Esrabuchs zu beziehen, die wesentlich anders lautet, geht so weit, dass der Ausspruch des Heilands selbst zu einem „Interpretament" der Esra-Stelle herabgewürdigt wird.[2] Die Lorbeeren Renans scheinen seine deutschen Nebenbuhler nicht schlafen zu lassen. Freilich ist die Thatsache, dass schon aus dem Anfange des 2. Jahrhunderts ein Beleg für die Existenz eines evangelischen Kanons gefunden worden, von erdrückender Last für das masslose Hypothesenspiel, in das seit den letzten Jahrzehnten die Geschichte des Neutestamentlichen Kanons hineingezogen worden ist. Die Annahme nämlich, dass die Abfassung des Barnabasbriefs, den Clemens von Alexandrien wiederholt als ächten Apostelbrief, als heilige Schrift citirt hat, in den

[1] Vergl. Weizsäcker a. a. O. S. 32. „Was die Aussprüche Jesu betrifft, so hat der Verf. ganz unzweifelhaft solche angewendet, welche in unseren Evv. und zwar fast durchaus in dem Ev. Matth. enthalten sind, aber er hat auch fast ausnahmslos dieselben blos in seine eigene Rede verwoben, ohne sie als Reden Jesu förmlich anzuführen." Aus Matth. ist besonders noch 9, 13 im 5. Kap. angezogen. Dagegen kömmt die vom gewöhnlichen griech. Texte des Briefs im 19. Kap. mit Luc. 6, 30 gebotene Parallele durch die Autorität des Sinaiticus in Wegfall; wie sie sich von selbst als später hinzugeschriebene Parallele verräth, so ist sie auch von einer Hand des 7. Jahrh. im Sinaiticus nachgetragen worden. Aufs Joh.-Ev. weist besonders die Anwendung der ehernen Schlange als Typus des gekreuzigten Heilands hin, siehe Kap. 12.

[2] Den Vorzug vor dieser Entdeckung verdient jedenfalls die schon oben angedeutete des heidnischen Spötters Celsus, obschon sie Origenes (6, 16) sehr lächerlich gemacht. Celsus fand nämlich in dem Ausspruche, es sei leichter, dass ein Kamel durch ein Nadelöhr gehe u. s. w., nichts als eine Corruption des Platonischen Ausspruchs, es sei unmöglich, dass wer ausgezeichnet reich sei, auch ausgezeichnet gut sei.

Anfang des 2. Jahrhunderts, wenigstens nicht später falle, hat den Inhalt des Briefs ohne Ausnahme für sich. Während die gewöhnliche Annahme zwischen dem ersten und zweiten Jahrzehnt geschwankt, hat sich Weizsäcker sogar geneigt ausgesprochen, aufs erste Jahrzehnt nach der Zerstörung Jerusalems zurückzugehen.[1]

Haben wir nun aber diese direkt und zunächst für Matthäus giltige kanonische Beglaubigung auf Matthäus zu beschränken? Das müssen wir entschieden verneinen. Alle unsere Studien über die Geschichte des Kanons führen darauf, dass keine der Neutestamentlichen Schriften vereinzelt und für sich allein zu kanonischem Ansehen gelangte. Haben wir

---

[1] Anders Volkmar, der ohne Weiteres „c. 125 p. Chr." hinschreibt a. a. O. S. 19. Aber wie viel Ernst lässt sich bei solchen aufs graue Alterthum bezüglichen Angaben von einem Manne erwarten, der a.a.O. S. 1. folgende Geschichte des Cod. Sinait. zum Besten gibt: „1858 in Monasterio S. Cath. Sinaitico repertus, per opes Caesaris Ecclesiae Orientalis in usus Occidentales 1860 translatus, Petropoli 1862, N. T. cum Barn. et Herm. Lipsiae 1863 editus." Hiervon gehört nämlich das Jahr 1858 ausschliesslich der Erfindung an, da ich bis Anf. 1859 in Leipzig beschäftigt sass. Ferner sind die opes Caesaris eccl. orient. ein Phantasiestück; denn das Sinaikloster übergab mir das Original ohne alle kaiserlichen opes; der Satz per opes Caesaris könnte freilich auch nur eine kühn umschreibende Ausdrucksweise für die von mir in kaiserlichem Auftrag unternommene Reise sein. Das Jahr 1860 ist wieder ganz irrthümlich genannt, denn ich brachte die Handschr. Anfang Nov. 1859 nach Petersburg, worauf ich in Leipzig (nicht in Petersburg) das Werk ausführte, obschon es als im Auftrag des Kaisers von Russland unternommen „Petropoli" auf dem Titelblatte führt. Alle diese in Betracht gezogenen Einzelnheiten stehen aber aufs Genaueste in meinen Büchern erzählt, in denselben Büchern, aus denen Volkmar sein „monumentum vetustatis Christianae ineditum" edirt.

aus den angestellten Erörterungen über die drei ersten Viertheile des zweiten Jahrhunderts bald Matthäus, bald Johannes, bald Lucas, oder auch den einen mit dem andern zugleich vorzugsweise hervortreten sehen, so kann dies nicht beweisen, dass zu derselben Zeit der eine beglaubigt, der andere noch nicht beglaubigt gewesen sei. Schon der geringe Umfang der uns aus der betreffenden Zeit gebliebenen Literatur und die Beschaffenheit der einzelnen Evangelien selbst, wornach z. B. Matthäus unvergleichlich mehr als Marcus zum Citat sich eignete, führen darauf, dass der eine zugleich auch für den andern zeugt. Dazu kommt, dass wir schon so frühzeitig wiederholt die einzelnen Evangelien in ein Ganzes zusammengefasst finden, und dass eben auch vor dem allgemeinen und gemeinsamen Charakter derselben die Person, der Name des einzelnen Verfassers ganz zurücktritt; dass aber auch andrerseits schon Justin gelegentlich auf die später von Tertullian betonte Unterscheidung der vier Evangelisten hindeutet, nach welcher die einen wirkliche Jünger des Herrn, die andern Apostelbegleiter waren. Und wie liesse sichs ausserdem begreifen, dass bald nach der Mitte des 2. Jahrh. sogar harmonistische Werke über die 4 Evangelien unternommen wurden, und dass bei Irenäus, um bei ihm stehen zu bleiben, die geschlossene evangelische Vierzahl commentirt wird, ohne die geringste Unterscheidung einer grössern oder geringern Beglaubigung der einzelnen Evangelien? Oder verlautet etwa das Geringste davon, dass die Kirche im Laufe des 2. Jahrhunderts neben manchen andern uns berichteten Streitfragen auch über den Evangelienkanon, eine Fundamentalangelegenheit der ganzen Kirche, verhandelt und entschieden habe, während doch gegen den Ausgang desselben Jahrhunderts derselbe Kanon als längst abgeschlossen allerwärts uns entgegentritt? Aber wann mag denn nun eine solche Entscheidung zu setzen sein? Alles drängt dazu, sie an den Ausgang des ersten Jahrhunderts zu setzen. Als die heiligen Männer, die dem Herrn noch persönlich nahe gestanden hatten, sammt Paulus, nicht mehr mit ihrer persönlichen Autorität der jungen Kirche einen entscheidenden Mittelpunkt darboten, die Kirche dagegen ihrer Selbständigkeit gegen die Synagoge immer klarer sich bewusst wurde, auch durch den Fall von Stadt und Tempel immer bestimmter auf sich selbst gewiesen war, dabei ausserhalb der alten Heimath unter vielfältiger Zerstreuung weiter und weiter sich ausbreitete, im Innern durch fremdartige Strömungen bewegt, aussen umgeben von feindlichen Gegensätzen: diese Zeit war es, wo die Kirche ihre Evangelien, und mit denselben die andern apostolischen Denkmäler von der Hand des Paulus, des Johannes, des Petrus, kanonisirte. Sollen darüber gelehrte Sitzungen gehalten worden sein? Sie wurden so wenig gehalten, als wir davon wissen. Hatten Männer wie Matthäus, wie Marcus und Lucas, hatte Johannes Aufzeichnungen über das Leben des Herrn unternommen, wer sollte sie nicht sofort als ein heiliges Vermächtniss an die Kirche betrachtet und angenommen haben? Lucas übersandte seine beiden Werke zunächst dem Theophilus. Wenn sie von diesem ersten Empfänger in weitere Kreise ausgingen, soll sich daran ein Zweifel geltend gemacht haben? Dasselbe gilt von den Paulinischen Briefen, sowie von den beiden übrigen von frühester Zeit an beglaubigten, dem ersten des Johannes, dem ersten des Petrus. Und wenn Johannes inmitten seiner kleinasiatischen Gemeinden sein Evangelium verfasste, sollen diese Gemeinden, die unmittelbaren Bürgen der Aechtheit bei allen übrigen, zu denen es gelangte, dem geringsten Zweifel über die Aechtheit Raum gelassen haben?

Wir haben durchaus keinen erheblichen Grund an der Wahrheit des Berichts zu zweifeln, den uns Eusebius in seiner Kirchengeschichte (III, 24), auf Grund alter Nachrichten, vom Ursprunge des Johanneischen Evangeliums gegeben hat. Demzufolge sollen dem Johannes die drei ersten schon allenthalben verbreiteten Evangelien vorgelegen haben; er habe ihnen das Zeugniss der Wahrheit gegeben, aber die Erzählung von demjenigen vermisst was Jesus zu Anfang seiner öffentlichen Wirksamkeit gethan; der Wunsch der Freunde sei deshalb dahin gegangen, dass er die übergangene Periode ergänzen möchte.. Für die Richtigkeit dieses Berichts bringt sodann Eusebius Belege aus dem Evangelium selbst bei.

In den letzten Jahrzehnten des ersten Jahrhunderts, wol bald nach der Zerstörung Jerusalems, müssen alle vier Evangelien nebst den genannten übrigen Denkmälern der Apostelzeit vorhanden gewesen sein. Ihre Autorität haftete unmittelbar an den Namen ihrer Verfasser, für welche hinwiederum die apostolischen Gemeinden bürgten. Mit dem Hinscheiden der Verfasser wurden ihre Schriften noch kostbarer und heiliger; sie boten sich der Kirche nach ihrer Emancipation von der Synagoge mit Nothwendigkeit zur würdigen Ergänzung und

Erweiterung des Alttestamentlichen Kanons dar. So berechtigt diese Annahme an sich selbst ist, so würden wir sie doch nicht zuversichtlich hinstellen können, wäre sie nicht so vielseitig durch die Erscheinungen auf dem Gebiete des Kanons während des ganzen zweiten Jahrhunderts bestätigt.

Eins wird man uns vorwerfen bei unserer vollzogenen Umschau übersehen zu haben, die Zeugnisse des Papias. Wir haben sie bis zu dieser Stelle aufgespart, weil sie bei der eigenthümlichen Unklarheit, die auf ihnen so gut wie auf der Person ihres Urhebers selbst ruht, zu einer selbständigen Geltendmachung schwerlich geeignet sind.

Von seinem in fünf Büchern verfassten Werke, „Auslegung (ἐξηγησισ) von Sprüchen des Herrn," hat uns besonders Eusebius[1] wichtige Nachrichten aufbewahrt. In diesen Nachrichten bekennt Papias, dass er, überzeugt weniger von den vorhandenen Büchern gefördert zu werden, aus mündlichen auf die Apostel zurückreichenden Ueberlieferungen geschöpft habe.[2] Indem er „die Presbyter" als diejenigen nennt, deren Vermittlung er seine apostolischen Traditionen zu verdanken habe, ist es mehr als zweifelhaft, dass er mit diesem Namen die Apostel selbst habe bezeichnen wollen, wie denn auch weder

---

[1] Siehe hist. eccl. III, 39.

[2] Seine eigenen Worte sind: „ich werde nicht unterlassen dir zusammenzustellen was ich je von den Presbytern erfahren und im Gedächtniss behalten habe, indem ich die Wahrheit desselben zugleich durch meine Auslegungen bestätige." Ferner: „auch wenn mir jemand jemals begegnete der mit den Presbytern Umgang gepflogen, so forschte ich den Mittheilungen (Reden? λογοισ) der Presbyter nach, was Andreas oder was Petrus gesagt, oder was Philippus, oder was Thomas

Irenäus[1] noch Eusebius[2] den Ausdruck von diesen verstanden. Vom Inhalte jenes Traditionswerkes hebt nun Eusebius einige Stücke aus, nämlich dass ihm die Töchter des Philippus zu Hierapolis die zu ihres Vaters Lebzeiten erfolgte Auferweckung eines Todten berichtet, und dass Justus Barsabbas einen Giftbecher getrunken ohne Schaden davon zu leiden.[3] Ausserdem versichere er noch manches auf dem Traditionswege erfahren zu haben, auch einige neue Parabeln und Lehren des Herrn, auch einiges allzu Fabelhafte[4], darunter die Lehre vom tausendjährigen Reiche, das nach der Auferstehung der Todten

---

oder Jacobus, oder was Johannes oder Matthäus, oder was ein anderer der Jünger des Herrn."

[1] Da Irenäus die wunderliche Tradition über den üppigen Ueberfluss des tausendjährigen Reichs ausdrücklich aus dem Munde „der Presbyter, die Johannes den Jünger des Herrn gesehen haben," herleitet, unter Berufung auf das Zeugniss des Papias, so ist klar, dass die Presbyter des Irenäus nicht verschieden von denen des Papias aufgefasst werden dürfen.

[2] Eusebius, der die Hauptstelle des Papias über die Presbyter als seine Traditionsvermittler aufbewahrt hat, sagt geradezu, dass sich Papias keineswegs als einen solchen bekenne der die heiligen Apostel selbst gehört und gesehen. Wenn ihn dennoch Irenäus (V, 33, 4) als Zuhörer des Johannes und Genossen Polykarps bezeichnet, woran schon Eusebius Anstoss nahm, sofern das erste Prädikat auf den Apostel Johannes bezogen werden sollte, so liegt die grösste Wahrscheinlichkeit einer Verwechslung des Presbyter Johannes mit dem Apostel vor. Denn Eusebius bezeugt auch aus des Papias eigenem Werke, dass sich derselbe für den Schüler Aristions und des Presbyters Johannes ausgegeben habe. Nur derselben eigenen Angabe des Papias scheint aber auch Irenäus zu folgen.

[3] Beides mochte mit Aussprüchen des Herrn als Erfüllung derselben in Verbindung gebracht sein.

[4] Er sagt wörtlich: $\kappa\alpha\iota\ \tau\iota\nu\alpha\ \alpha\lambda\lambda\alpha\ \mu\upsilon\vartheta\iota\kappa\omega\tau\varepsilon\rho\alpha$.

in sinnlicher Weise auf dieser Erde statthaben solle.[1] Eusebius hält dafür, dass Papias, als ein Mann von beschränktem Verstande, diese Lehre aus misverstandenen Aeusserungen der Apostel abgeleitet. Nachdem er hinzugefügt, dass sich noch andere von Aristion und vom Presbyter Johannes stammende Erzählungen von Reden des Herrn im Buche des Papias finden, unter Verweisung derer, die sich dafür interessiren, aufs Buch selbst, sagt er, dass er dem früher schon Angeführten seine Ueberlieferung über Marcus anschliessen wolle. Diese lautet: „Und dies sagte der Presbyter: Marcus, der Dolmetscher des Petrus, hat dasjenige, dessen er sich erinnerte, genau niedergeschrieben; nicht aber der Reihenfolge nach (τάξει) was Christus gesprochen oder gethan; denn weder hat er den Herrn gehört, noch ist er ihm nachgefolgt, sondern, wie gesagt, dem Petrus, der je nach dem Bedürfnisse seine Lehrvorträge hielt, aber nicht ordnungsmässig die Reden des Herrn zusammenstellen wollte. Daher hat Marcus nicht gefehlt wenn er einiges so niederschrieb wie er sich dessen erinnerte. Nur auf eins war er bedacht, nichts von dem was

---

[1] Die Schilderung dieses Reichs, die durch des Johannes Vermittlung vom Herrn selbst stammen und von Johannes auf die Presbyter übergegangen sein soll, hat Irenäus (V, 33, 3) genau verzeichnet, wie er sie wahrscheinlich aus des Papias Werk selbst geschöpft. Sie beginnt: „Es werden Tage kommen, in denen Weinstöcke erstehen werden, deren jeder 10,000 Reben trägt, jede Rebe 10.000 Zweige, jeder Zweig 10,000 Triebe, jeder Trieb 10,000 Trauben, und jede Traube wird 25 Mass (Metreten) Wein geben; und wenn einer der Heiligen eine Traube ergreifen wird, wird eine andere rufen: Ich bin eine bessere Traube, nimm mich, durch mich preise den Herrn! Ebenso wird ein Weizenkorn 10,000 Aehren bringen und jede Aehre 10,000 Körner" u. s. w.

er gehört wegzulassen oder etwas daran zu fälschen." An diese Aussage des Papias, die dem Wortlaute nach möglicher Weise nur in ihrem ersten Theile dem Presbyter angehört, schliesst Eusebius sofort eine zweite über Matthäus an, indem er fortfährt: dies also schreibt Papias von Marcus; von Matthäus aber sagt er: „Matthäus nun verfasste in hebräischer Sprache die Reden des Herrn; es dolmetschte sie aber jeder wie er konnte." In diesen Sätzen ist manches unklar; namentlich fragt sichs ob der Ausdruck: Reden des Herrn, seine Richtigkeit habe, oder ob er vielmehr, wie die Auslassung über Marcus nahe legt, auf Reden und Thaten zugleich gehe. Noch wichtiger aber ist die Frage, die freilich von der ersten nicht unabhängig erscheint, ob diese Aussagen des Presbyters und des Papias auf unsere nach Matthäus und nach Marcus benannten Evangelien bezogen werden können. Es ist nicht zu leugnen, dass eine strenge Auffassung der Ausdrucksweise, und namentlich wenn der Begriff: Reden des Herrn, festzuhalten ist, die Antwort auf die gestellte Frage zweifelhaft macht. Aber weder Eusebius noch irgend ein anderer Gelehrter des christlichen Alterthums hat die Aussagen des Papias dem Bestande der beiden in Betracht kommenden Evangelien widersprechend gefunden. Auch wir müssen die Meinung derer theilen, welche die gegebene Charakteristik des Marcusevangeliums bei aller ihrer Unvollkommenheit auf unser Marcusevangelium beziehen. Von der alleinigen und so unklaren Aussage des Papias darauf zu schliessen, dass unser Marcusevangelium nichts als eine von der wirklichen Marcusschrift abgeleitete Composition sei, wie es neuerdings üblich und zur Behandlung der Evangelienfrage mit allem Nachdrucke verwendet worden ist, dünkt uns völlig unstatthaft. Es hat wesentlich beigetragen, die Untersuchungen über den Ursprung und die Bedeutung unserer synoptischen Evangelien zu verwirren und dem Spiele der Vermuthungen preiszugeben. Was aber die zweite Aussage des Papias, die über Matthäus anlangt, so führt sie uns auf eine der verwickeltsten Fragen, deren Beantwortung schwerlich jemals in zwingender Weise wird gegeben werden können. Ohne hier auf ausführlichere Darlegung alles dessen was in Betracht kommt eingehen zu können, sprechen wir nur unsere Zustimmung zu dem in besonders gründlicher Weise von Bleek[1] gewonnenen Resultate aus, dass die Annahme eines hebräischen Originals des Matthäusevangeliums schon bei Papias darauf beruht, dass wirklich jenes auf Matthäus zurückbezogene und offenbar unserem griechischen Matthäus nächstverwandte Hebräerevangelium, worüber wir oben gesprochen, bei einem Theile der Judenchristen schon vor dem Ausgange des ersten Jahrh. hebräisch im Gebrauch war. Die sodann von Papias angedeutete Dolmetschung der vermeintlichen hebräischen Urschrift, falls wir darunter schriftliche Arbeiten sollten zu verstehen haben, würde auf die verschiedenen alten Redaktionen zu beziehen sein, die, nach manchen Spuren zu urtheilen, vom Hebräerevangelium gemacht wurden, und in welche Papias folgerichtig auch unseren griechischen Matthäus einrechnete.

[1] S. Einleitung in das N. T. S. 109 und vorher.

Der Standpunkt des Papias zu den schriftlichen Evangelien verräth sich nach seinen Auslassungen über seine Studien für sein eigenes Sammelwerk als ein sehr eigenwilliger, und sein Urtheil nach den von Eusebius und Irenäus aus letzterem mitgetheilten Auszügen als ein ganz unkritisches. Findet doch auch Eusebius in dem weiteren von ihm nicht ausgeschriebenen Inhalte jenes Buchs geradezu Fabelhaftes: ein Urtheil, das die Kirche vor und nach ihm vollkommen getheilt haben muss, da die vermeintlichen neuen Parabeln und Lehren des Herrn, die er vom Untergange zu retten geglaubt hatte, gänzlich unbeachtet geblieben sind. So erwünscht, so wichtig es sein müsste, das Dunkel jener frühesten Evangelienliteratur, von der sich im Vorworte des Lucas Andeutungen finden, gelichtet zu sehen, um daraus Aufklärungen über die Entstehung und das gegenseitige Verhältniss unserer synoptischen Evangelien zu gewinnen, so wenig lassen sich die Angaben des Papias, soweit sie isolirt und in Widerspruch mit hinlänglich verbürgten Thatsachen seines Zeitalters stehen, als zuverlässige Grundlagen für die Lösung dieser Fragen nützen.

Am verfehltesten ist es aber ohne allen Zweifel, wenn daraus, dass Eusebius keine Aeusserung des Papias über das Johannesevangelium verzeichnet, folglich auch keine gefunden habe, auf seine Unbekanntschaft mit diesem Evangelium geschlossen wird.[1] Dies beruht zunächst auf einer Verkennung

---

[1] So Baur, Zeller („das Schweigen des Papias wird fortwährend einen starken Beweisgrund gegen die Authentie des Evang. des Joh.

der Tendenz der Aufzeichnungen des Eusebius. Alles was er von der Schrift des Papias ausgezogen hat, trägt das Gepräge des Absonderlichen. Wie dies von den oben angeführten Wundern zu Hierapolis und an Justus Barsabbas gilt,[1] so gilts auch von seinen Nachrichten über Marcus und Matthäus. So wenig er aber über Johannes etwas aufgezeichnet hat, so wenig that er dies in Betreff des Lucas und des Paulus. Hat Papias etwa auch von den Schriften dieser Männer nichts gekannt? Trotz ihrer Absurdität muss diese Folgerung aus seinem Stillschweigen darüber gezogen werden, wenn anders

abgeben" s. Theol. Jahrbb. 1847. S. 199), Hilgenfeld („hätte Papias das Geringste von einem Evangelium des Johannes gesagt, so würde es Eusebius unmöglich übersehen haben, und da er den Ueberlieferungen des Johannes nachgeforscht hat, so hätte er über ein schriftliches Evangelium desselben gar nicht schweigen können" s. Die Evangelien S. 344), Strauss („dieses Stillschweigen des Papias über den Johannes als Verfasser eines Evangeliums fällt um so mehr ins Gewicht, als er nicht nur ausdrücklich versichert, den Ueberlieferungen auch von Johannes eifrig nachgefragt zu haben, sondern da er auch als kleinasiatischer Bischof und Bekannter des Johannesschülers Polykarp von dem Apostel, der seine spätern Jahre in Ephesus zubrachte, füglich Genaueres wissen konnte" s. das Leben Jesu 1864. S. 62), Renan („Papias, qui avait recueilli avec passion les récits oraux de cet Aristion et de Presbyteros Joannes, ne dit pas un mot d'une Vie de Jésus écrite par Jean. Si une telle mention se fût trouvée dans son ouvrage, Eusèbe, qui relève chez lui tout ce qui sert à l'histoire littéraire du siècle apostolique, en eût sans aucun doute fait la remarque." S. Vie de Jésus 3. éd. 1863 S. XXIV). Gegen diese verfehlten Auffassungen des Werks von Papias und der Eusebianischen Aufzeichnungen daraus siehe unsere Bemerkungen oben im Text.

[1] Aehnlicher Art ist die von Oekumenius (zur Apostelgeschichte) aus Papias entnommene Nachricht, Judas sei am Leibe so aufgeschwollen, dass er einem rasch entgegenkommenden Wagen nicht habe ausweichen können; er sei von ihm so zerquetscht worden, dass seine Eingeweide herausgefallen seien.

die auf Johannes bezügliche Folgerung Geltung haben soll. Es lässt sich nicht entscheiden ob Papias wirklich weder von den Schriften des Paulus und Lucas noch von dem Evangelium des Johannes in seinem Buche gesprochen hat. Wenn dies nicht geschehen, so hat er eben nichts für seinen besonderen Zweck Geeignetes darüber zu berichten gehabt; seine von ihm selbst klar ausgesprochene Tendenz, im Absehen von den vorhandenen Schriften mündliche Ueberlieferungen über Aussprüche des Herrn, besonders durch die Presbyter als apostolisch bezeugte, zusammenzustellen, brachte es gar nicht mit sich, über die vorhandenen evangelischen und apostolischen Schriften Zeugnisse niederzulegen. Wir haben aber auch kein Recht aus dem Stillschweigen des Eusebius auf das des Papias zurückzuschliessen; nur können die vom Erstern unberücksichtigt gelassenen etwaigen Stellen über das Johanneische Evangelium, über Lucas, über Paulus nichts Denkwürdiges enthalten haben, nichts was mit den Nachrichten über Matthäus und Marcus vergleichbar gewesen wäre. Ein Zeugniss des Papias über die Authentie des Johanneischen Evangeliums, worüber in der Kirche selbst nie ein Zweifel laut geworden, aufzuspüren oder beizubringen, das konnte dem Eusebius durchaus nicht in den Sinn kommen, so wenig er's in Betreff der übrigen Evangelien thut, denn die Notizen über Marcus und Matthäus sind anderer Art, noch in Betreff der Paulinischen Briefe. Wenn er aber seinen obigen Notizen noch die Bemerkung anfügt, dass sich Papias des ersten Briefs des Johannes und des ersten Briefs Petri bedient habe, so hat dies darin seinen Grund, dass die Frage über die Kanonicität der katholischen Briefe so lange und noch im 4. Jahrhundert fortbestand. Das Zeugniss des Papias für 1. Joh. und 1. Petr. mochte dem Eusebius nach der negativen Seite vielleicht noch wichtiger sein als nach der positiven; denn es war damit auch dargethan, dass Papias, obschon er für diese beiden Briefe zeugte, doch weder für einen zweiten und dritten des Johannes noch für einen zweiten des Petrus dasselbe that.

Bedarf es für die Richtigkeit unserer Auffassung noch eines Belegs, so besitzen wir einen solchen daran, dass Eusebius (IV, 14) vom Briefe Polykarps an die Philipper nichts anderes hervorhebt als dass er Zeugnisse aus dem 1. Briefe Petri enthalte, während er nichts von den zahlreichen Paulinischen Citaten desselben Briefs angemerkt hat. Es ist übrigens, gegenüber den irrigen Folgerungen aus dem vermeintlichen Stillschweigen des Papias über das Johannesevangelium, längst mit Recht ein Nachdruck darauf gelegt worden, dass ein Zeugniss des Papias über das genannte Evangelium für diejenigen, die ein solches so angelegentlich verlangen, in der ausdrücklichen Anerkennung des 1. Briefs desselben Apostels durch Papias gegeben ist. Natürlich weiss aber auch diesem Zeugnisse die obstinate Skepsis, das feindliche Vorurtheil zu entgehen; denn dass Brief und Evangelium denselben Verfasser gehabt haben müssen, das lässt sich allerdings ebenso gut in Zweifel ziehen, wie die Authentie der meisten Paulinischen Briefe von Baur und andern Freunden einer aller Geschichte spottenden Hyperkritik geleugnet worden ist.

Zuletzt haben wir zur Beleuchtung unserer Frage das

Gebiet der Neutestamentlichen Textkritik zu betreten. Das ist diejenige Wissenschaft, die es mit den Urkunden des heiligen Textes, des unmittelbaren Trägers der Heilswahrheit, zu thun und auf Grund dieses Studiums die Geschichte, die derselbe während zweier Jahrtausende durchlaufen, zu erforschen hat. Ihr letzter und höchster Zweck besteht in der Wiederherstellung desjenigen Textes der heiligen Bücher, der mit der ursprünglichen Form, mit derjenigen, die von den Aposteln selbst stammt, übereinkommt. Wäre die Erreichung dieses Zwecks versagt, so bliebe doch jedenfalls die Aufgabe gestellt, die grösstmögliche Annäherung des Textes an die ursprüngliche Form anzustreben.

Da wird sogleich vielen Lesern die Frage nahe liegen: Enthalten denn unsere gewöhnlichen Bibelausgaben nicht den ächten und wahren Text? So könnte der deutsche Protestant mit seiner Lutherbibel in der Hand fragen, so der Katholik mit seiner lateinischen Vulgata oder auch mit einer Uebersetzung derselben ins Deutsche, ins Französische, so der Engländer mit seiner autorisirten Version, der Russe mit seiner slavonischen. Die Antwort auf diese Frage, von welcher Seite sie auch gestellt werden mag, ist nicht leicht. Der Text hat in jeder dieser Uebersetzungen seine mehr oder weniger reiche Geschichte. Handelt sichs aber darum, irgendeine derselben der Aechtheit ihres Textes nach zu prüfen, so muss sie nach dem Originaltexte geprüft werden, aus dem sie alle direkt oder indirekt hergeleitet sind. Als Originaltext fürs Neue Testament kennen wir den griechischen Text. Wie stehts nun mit diesem Texte?

Als die Gutenbergsche Erfindung im ersten Viertel des 16. Jahrhunderts auf die Publikation des griechischen Neuen Testaments angewandt wurde, legte Erasmus zu Basel so gut wie der Cardinal Ximenes zu Alcala einige Handschriften zu Grunde, wie sie eben zu ihrer Disposition waren. Ihre Ausgaben wurden darauf anderwärts wiederholt, öfters unter geringfügigen Modifikationen ihres Textes nach andern Handschriften. Eine solche Modifikation des Erasmischen Textes führte auch der gelehrte Pariser Buchdrucker Robert Stephanus aus; ihm folgten unter andern die Elzevire, Buchdrucker zu Leiden, und bald machte sich die Macht der Gewohnheit dergestalt geltend, dass die Theologen überall von demselben Texte als einer Art autorisirter Grundlage ausgingen. Inzwischen hatte man aber auch angefangen den Textesquellen weiter nachzuspüren, den griechischen im ersten Jahrtausend geschriebenen Handschriften, ferner den Handschriften für die in den ersten 5 Jahrhunderten angefertigten Uebersetzungen ins Lateinische und ins Gothische, ins Syrische, Koptische, Aethiopische, Armenische, endlich den Textesbelegen, welche sich in den Werken der Kirchenväter vom 2. Jahrh. an niedergelegt finden. Daraus ergab sich längst das Resultat, dass der Neutestamentliche Text unter den Händen der Abschreiber, der ungelehrten und noch weit mehr der gelehrten, eine ausserordentliche Mannigfaltigkeit angenommen. Beschränkt sich auch diese Mannigfaltigkeit an vielen Tausenden von Stellen auf den blossen für den Sinn gleichgiltigen Ausdruck und auf grammatische Formen, so ist doch auch die Zahl derjenigen Stellen sehr erheblich, wo es sich um gewichtigere Verschiedenheiten in der Darstellung handelt, ja selbst solche fehlen keineswegs, die von historischem und dogmatischem Belange sind. Als diese Aufklärung über den Stand einer Sache, bei der die christliche Wissenschaft im höchsten Grade interessirt ist, gewonnen worden war, begriffen ernste Männer, denen die Erforschung der Wahrheit höher stand als die hergebrachte Sitte, dass es Pflicht sei, den üblichen Text nach Massgabe der alten Urkunden zu reformiren. Erst in neuester Zeit jedoch hat man gewagt, jenen ohne wissenschaftliche Berechnung herkömmlich gewordenen Text ganz beiseits zu lassen und ausschliesslich den Text der ältesten Dokumente zur Darstellung und in Gebrauch zu bringen. Denn dass die ältesten Dokumente, diejenigen die nur wenige Jahrhunderte von der Niederschrift der Originale abliegen, dafür gelten müssen, den Text dieser Originale treuer bewahrt zu haben als diejenigen, die ein Jahrtausend und noch später nach den Urschriften gefertigt wurden, bedarf keines Beweises. Aus der Bevorzugung der ältesten Dokumente folgte aber die Verpflichtung, solchen Dokumenten eifrigst nachzuforschen, sowie über ihre innere Beschaffenheit und ihr gegenseitiges Verhältniss die eingehendsten Untersuchungen anzustellen. Hierbei fand sichs, dass bereits unsere verschiedenartigen ältesten Urkunden den Text in grosser Verschiedenheit enthalten, wodurch ihr Gebrauch zur Herstellung eines apostolischen Originaltextes bedeutend erschwert wird. Um so nöthiger wurde es, unter ihnen selbst wieder das Aelteste aufzusuchen. Für dieses Unternehmen erkannte es Richard Bentley als massgebend an, denjenigen

Text zu bevorzugen, der sich aus unsern ältesten griechischen Dokumenten in Uebereinstimmung mit dem lateinischen Texte des 4. Jahrhunderts nachweisen liesse. Bentleys Urtheile gemäss unternahm Carl Lachmann die Herstellung eines solchen im 4. Jahrh. verbreiteten Textes; denn mit diesem Zeitpunkte schien die Grenze des dokumentlich Möglichen gegeben zu sein. Die glücklichsten dokumentlichen Entdeckungen der Gegenwart, verbunden mit immer tieferer Erforschung aller Zeugnisse über den Text der ersten Jahrhunderte haben indessen über diese Grenze unbedingt hinausgeführt. Es unterliegt keinem Zweifel, dass die früheste lateinische Uebersetzung der Evangelien, um uns für unsern Zweck auf diese zu beschränken, bald nach der Mitte des 2. Jahrhunderts gemacht worden ist; denn, wie wir schon oben zu bemerken Gelegenheit hatten, der lateinische Uebersetzer des Irenäus vor dem Ausgange des 2. Jahrhunderts und Tertullian vom letzten Jahrzehnt desselben Jahrhunderts an erscheinen bereits in unleugbarer Abhängigkeit von derselben. Diese früheste Uebersetzung[1] besitzen wir aber auch jetzt noch,

---

[1] Sie hat ihrerseits bis auf den heutigen Gebrauch der römischen Kirche gar viele Stadien zu durchlaufen gehabt. Nachdem sie im 3. und 4. Jahrh. durch mehrere Hände gegangen war und wiederholt den Einfluss einer Revision nach dem Griechischen erfahren hatte, gestaltete aus ihr Hieronymus seinen Text, gleichfalls nicht ohne Berücksichtigung verwandter griechischer Urkunden. Diesen stempelte der Gebrauch der römischen Kirche allmälig zur Vulgata. Er hatte aber bereits wieder manche Modifikationen erlitten, als die römische Curie gegen das Ende des 16. Jahrh. auf Grund allenthalben verbreiteter Handschriften eine offizielle Redaktion ausführte, die noch jetzt kirchliches Ansehen behauptet.

sicher wenigstens der Hauptsache nach; denn unsere ältesten Dokumente für jenen in Nordafrika, der Heimath Tertullians, gefertigten Text, welche selber zum Theil aufs 5. Jahrhundert zurückreichen, haben für viele ihrer Lesarten die Bestätigung der genannten beiden ältesten Zeugen für sich, so dass auch für solche Textesstücke, die diese Männer in ihren Schriften nicht ausgeschrieben, angenommen werden muss, dass sie der frühesten Redaktion entsprechen oder doch sehr nahe kommen. Durch die Entdeckung der Bibelhandschrift vom Sinai sind wir aber noch weiter gefördert worden; denn der Sinaitische Text, dessen Niederschrift nach paläographischen für sachkundige Gelehrte zwingenden Gründen in die Mitte des vierten Jahrhunderts fällt, steht in einer so auffälligen Verwandtschaft zur ältesten lateinischen Uebersetzung, dass er wesentlich als übereinstimmend mit demjenigen Texte zu betrachten ist, der bald nach der Mitte des 2. Jahrhunderts dem ersten lateinischen Uebersetzer, dem Urheber der sogenannten Itala, zur Vorlage gedient. Und dass dieser Text nicht eben vereinzelt war, erhellt daraus, dass der älteste syrische erst neuerdings in einer Handschrift aus der nitrischen Wüste vom Anfange des 5. Jahrh. aufgefundene Text, sowie Origenes mit anderen der ältesten Väter, vorzugsweise im Einklang mit ihm stehen. Ja der ebengenannte syrische Text besitzt seinerseits eine der Itala ganz analoge Beweiskraft nach der doppelten Seite, die wir sogleich hervorheben werden; denn die neuesten Untersuchungen lassen keinen Zweifel darüber, dass die dem Ausgange des zweiten Jahrhunderts allgemein zugeschriebene Peschittho den nitrischen

Text schon voraussetzt, so dass der letztere selbst um die Mitte des 2. Jahrhunderts entstanden sein muss.

Was aber folgt nun aus allen diesen Betrachtungen für die Beantwortung der Frage, die wir uns gestellt haben? Zweierlei haben wir für diesen Zweck nachdrücklichst zu nützen. Schon zu Anfang unserer Schrift haben wir es als eine bedeutsame Thatsache verzeichnet, dass bereits bald nach der Mitte und selbst um die Mitte des zweiten Jahrhunderts die vier Evangelien eine unzweifelhaft gemeinsame Uebersetzung, und zwar eine lateinische sowie eine syrische, erfahren haben. Diese Uebersetzungen beweisen aber nicht nur dasselbe, was uns z. B. die harmonistischen Evangelienbearbeitungen Tatians des Syrers und des Theophilus ungefähr aus derselben Zeit beweisen; sie beweisen zugleich noch viel mehr, dass nämlich wie die Evangelien von Lucas und Johannes, auch die von Matthäus und Marcus schon damals in derselben Gestalt vorlagen, wie wir sie überhaupt kennen. Lassen einzelne Anführungen aus frühester Zeit die Vermuthung zu, dass anstatt unsers Matthäus doch vielleicht das so nah verwandte, erst später bestimmt ausgeschiedene Hebräerevangelium benutzt sein könnte, oder dass unser Marcus damals noch in jener aus der modernen Ausdeutung der Papias-Notiz geschlossenen Urgestalt verharrt haben könnte, so schliessen die ältesten lateinischen Texte dieser Evangelien, zunächst wenigstens für die Mitte des 2. Jahrhunderts, diese Vermuthung völlig aus. Sie geben besonnenen Forschern gewiss ebenso wenig zu der Annahme Raum, diese Texte möchten erst kurz vorher aus einer früheren Gestalt durch unbekannte Hände sich entwickelt haben und nun ungeschickter Weise nach der entstellenden Ueberarbeitung von der lateinischen Kirche für ursprünglich gehalten worden sein. Auch hierin tritt der Itala der nitrische syrische Text zur Seite, nur dass von ihm das Marcusevangelium mit Ausnahme der letzten vier Verse verloren gegangen. Bekanntlich sprach der Auffinder und Herausgeber dieses Textes, unter Beibringung scheinbarer Beweise, die Vermuthung aus, im Evangelium Matthäi möchte derselbe aus hebräischer Urschrift geflossen sein. Gegenüber dieser entschieden irrigen Vermuthung bestätigt die Uebereinstimmung desselben syrischen Textes mit unseren ältesten griechischen und lateinischen Dokumenten unsere so eben für den griechischen Matthäustext gemachte Folgerung aufs Schlagendste. Und was den Marcus betrifft, so bezeugt dieser syrische Uebersetzer bereits die auch von Irenäus benutzten Schlussverse, welche ebenso unächt sind, nach entscheidender kritischer Autorität, wie sie nur dem bekannten Texte des Marcusevangeliums angefügt werden konnten.[1]

---

[1] Es ist ein interessantes Merkmal der heutigen negativen Evangelienkritik, dass sich ihre Vertreter in der Vertheidigung gerade solcher wichtiger Textesstücke gefallen, über deren Unächtheit die dokumentlich strenge Kritik nach den neuesten Entdeckungen und den daraus gewonnenen textgeschichtlichen Aufschlüssen so gut wie keinen Zweifel übrig lässt. Zu diesen Textesstücken zählen an erster Stelle der Schluss des Marcusevangeliums, die Erzählung von der Ehebrecherin bei Johannes und der in den Teich Bethesda hinabsteigende Wunderengel im 4. Verse des 5. Kapitels des Johanneischen Evangeliums. Freilich kann ebenso wenig darüber ein Zweifel obwalten, dass es für die der Apologetik entgegengesetzten Zwecke weit besser passt, diese apokryphischen Zusätze

Aber wir haben auch noch ein viel wichtigeres textkritisches Ergebniss zu verzeichnen, ein solches das es unsers Bedünkens zur Evidenz erhebt, dass unsere sämmtlichen Evangelien wenigstens auf den Beginn des zweiten, auf das Ende des ersten Jahrhunderts zurückzuführen sind. Wie nämlich einerseits der Text der Sinaitischen Handschrift nebst dem ältesten Italatexte dem Gebrauche des 2. Jahrhunderts angehört, so ist es andrerseits unschwer kritisch zu erhärten, dass derselbe Text trotz aller Superiorität vor andern Dokumenten bereits vielfach von der ursprünglichen Reinheit entfremdet ist, dass er bereits eine ganze Textgeschichte zur Voraussetzung hat. Wir sind dabei nicht ausschliesslich auf den Codex Sinaiticus und die eine oder die andere der Italahandschriften nebst Irenäus und Tertullian angewiesen; sondern wir können alle diejenigen Textesbelege hinzunehmen, die wir theils nothwendig, theils mit der grössten Wahrscheinlichkeit aufs 2. Jahrhundert zurückzuführen haben: es ergibt sich als unleugbare Thatsache, dass schon eine reiche Textgeschichte dahinter liegt. Wir meinen hiermit, dass schon vor der zweiten Hälfte des 2. Jahrhunderts, indem von unseren Evangelien Abschrift um Abschrift gefertigt wurde, nicht nur manche Versehen der Abschreiber vorgekommen sind, sondern auch bald der Ausdruck und der Sinn einzelner Stellen

in beiden Evangelien zu belassen, als dass durch ihre Entfernung der Herstellung der apostolischen Ursprünglichkeit in unseren Texten Vorschub geleistet wird. Dass sich übrigens hierbei jenes auf politischem Gebiete wohlbekannte Bündniss des Legitimismus mit seinem stärksten Gegensatze wiederholt, bezeugt ein arges wissenschaftliches Missverständniss vermeintlicher Orthodoxie.

geändert, bald kleinere oder grössere Zusätze aus apokryphischen oder aus mündlichen Quellen gemacht worden sind, wobei auch solche, die frühzeitige Vereinigung unserer Evangelien zu einem Kanon ganz besonders bezeugende Aenderungen nicht ausgeschlossen sind, die aus der Zusammenstellung einzelner Parallelstellen hervorgingen. Ist nun dies wirklich der Fall, liegt in der That ein wichtiges Stadium der Textgeschichte unserer vier Evangelien vor der Mitte des 2. Jahrhunderts, vor der Zeit, wo die kanonische Autorität sammt der festeren kirchlichen Ordnung einen immer stärkeren Damm gegen eigenwillige Modifikationen des heiligen Textes aufwarf — und wir machen uns anheischig an einem andern Orte ausführliche Nachweise darüber zu geben — so müssen wir für diese Geschichte wenigstens den Raum eines halben Jahrhunderts in Anspruch nehmen. Muss aber hiernach, wir dürfen nicht sagen der Ursprung der Evangelien, nein, der Anfang des evangelischen Kanons nicht ums Ende des ersten Jahrhunderts gesetzt werden? Und ist dieses Resultat nicht um so sicherer, je mehr wir alle geschichtlichen Faktoren des zweiten Jahrhunderts, die wir ohne Rückhalt vorgeführt haben, damit in Uebereinstimmung gefunden haben?

Man wird dennoch, wir zweifeln nicht daran, unsere Erörterungen der Einseitigkeit beschuldigen, der Uebergehung von Verhältnissen, von denen vorzugsweise die Gegnerschaft gegen das Johanneische Evangelium ihre Nahrung zieht. Was aber in dieser Beziehung vorgebracht worden ist, beruht theils auf Misverständniss, was namentlich von dem unglücklichen

Versuche gilt, aus der Observanz der Kleinasiaten in der
Passahfeier einen Widerspruch mit dem Johanneischen Evangelium herzuleiten, theils auf offenbarer Entstellung bekannter
und auf der Ausbeutung unbekannter Verhältnisse. Eben
gegen diese auf scheinbares Wissen und spitzfindige Hypothesen gegründete, zur Berückung Unkundiger vortrefflich
geeignete Taktik gilt es sichere und nachweisbare Thatsachen
zu Hilfe zu rufen.

Wir können es nur willkommen heissen, dass durch den
radikalen Charakter der beiden berühmtesten modernen Biographen Jesu, des Tübinger Luftbildners und des Pariser
Zerrbildners, die Gegensätze einer gläubigen und einer ungläubigen Stellung zu den Evangelien und zum Herrn selbst
allenthalben geklärt worden sind. Nur die Klarheit führt zur
Entscheidung. Noch nie hat mit den Theologen auch die
christliche Gemeinde, auch die gebildete Welt so angelegentlich darnach gefragt: Wie stehts denn nun im Grunde um
unsern evangelischen Glauben an den Herrn? Es ist nichts
leichter, als diejenigen, die nicht selbst im Stande sind, diese
grösste Frage der Christenheit wissenschaftlich zu ergründen,
über die Wahrheit zu täuschen, sogar unter dem Scheine gelehrter aufrichtiger Forschung. Und so kommt es, dass so
viele, die, gemäss dem Charakter eines intelligenten Jahrhunderts, der ehrlichen gründlichen Forschung auch da allen
Raum gönnen, wo vordem nur der Glaube, oft genug der
blinde Glaube geherrscht, zu der Meinung gebracht worden
sind, wissenschaftlich genommen stehe es schlecht, stehe es
verzweifelt um das evangelische Leben Jesu. Dabei hat kaum

etwas einen blendenderm Schein angenommen als die Behauptung, dass die früheste Geschichte der christlichen Kirche gegen die Aechtheit unserer Evangelien, besonders gegen die des Johanneischen Evangeliums, aus welchem die gottmenschliche Erscheinung des Welterlösers weit klarer als aus den synoptischen hervorleuchtet, ein schlagendes Zeugniss ablege. Die vollste Ueberzeugung vom Gegentheil hat uns diese Schrift eingegeben. Bei Gelehrten so gut wie bei Ungelehrten Zweifel darüber erweckt, vielen sogar die Verneinung vermittelt zu haben, das gehört dem skeptischen Geiste, der in den letzten hundert Jahren zur Herrschaft gelangt ist, als eine unleugbare Errungenschaft an. Dennoch gibt es in der gesammten Literatur des Alterthums wenig Beispiele von einer so grossartigen historischen Beglaubigung, wie sie unsere vier Evangelien, fragen wir aufrichtig darnach, in der That besitzen.

Gegen den Unglauben, wie er wurzelt in der modernen Frivolität, in jener fleischgebornen Emancipation der Geister, die sich nicht mehr vom Geiste Gottes mögen strafen lassen, hat die Wissenschaft keine Waffen. Eben dieser Unglaube hat sich in Renans Buch verkörpert; darin liegt seine Kraft, sein Erfolg; es bedarf keiner gelehrten Aufklärung darüber; die schillernden Kleiderlappen, die es von der Wissenschaft geborgt, schlottern allzu durchsichtig um nackte Gebeine. Ganz anders verhält sichs mit den gelehrten Beweisführungen gegen das Leben Jesu, mit den historischen Angriffen auf die Ursprünglichkeit der evangelischen Quellen. Hiergegen gilt es auf Grund strenger wissenschaftlicher Forschungen mit aller Entschiedenheit zu protestiren. Der Wahrheit gehört der Sieg von Gott und Rechts wegen. Nur schwächlicher Kleinglaube könnte in den Erfolgen unehrlicher Waffen, wie sie die Gegenwart aufzuweisen hat, die heilige Sache der Wahrheit gefährdet sehen. Aber wer im Dienste dieser siegsgewissen Wahrheit steht, hat es zu beweisen nach seinem besten Wissen und Gewissen.